Andreas Zumach

rororo special:

# Vereinte Nationen



Rowohlt

rororo

Originalausgabe · Veröffentlicht im Rowohlt Taschenbuch Verlag GmbH, Reinbek bei Hamburg, Mai 1995 · Umschlaggestaltung Walter Hellmann · Foto COMSTOCK Fotoagentur · Grafik Jörg Mahlstedt, Escheburg · Typografie Iris Farnschläder · Satz Bembo und Avenir PostScript, QuarkXPress 3.3 · Gesamtherstellung Clausen & Bosse, Leck · Printed in Germany · 1290-ISBN 3 499 16375 6

# Inhalt

## Argumente



## Tendenzen

## Vorwort

Das Ende des Kalten Krieges ermöglicht die Wiederbelebung der Vereinten Nationen und die Schaffung einer neuen, gerechten Weltordnung. Noch Anfang der neunziger Jahre war diese Hoffnung weit verbreitet, vor allem in Europa, wo im November 1989 mit der Berliner Mauer *das* Symbol des Kalten Krieges gefallen war. Mit dem Amtsantritt von Michail Gorbatschow in Moskau vier Jahre zuvor hatte der Abbau der globalen Ost-West-Konfrontation begonnen, die die Handlungsfähigkeit der UNO in ihren ersten vier Jahrzehnten so häufig blockiert hatte.

Bestärkt wurden die Hoffnungen, die UNO werde zumindest die ihr in der Gründungscharta von 1945 zugewiesene Rolle eines weltweiten kollektiven Sicherheitssystems auf Basis einer Kooperation der großen Mächte endlich wahrnehmen, durch erste Erfolge: Zwischen 1987 und 1991 vermittelte der damalige UNO-Generalsekretär Perez de Cuellar einen Waffenstillstand zwischen Iran und Irak, den Abzug der sowjetischen Besatzungstruppen aus Afghanistan, ein Ende der Bürgerkriege in Kambodscha und San Salvador sowie die Unabhängigkeit Namibias von Südafrika.

Inzwischen ist die UNO-Euphorie längst in Enttäuschung, Resignation, vielfach sogar Zynismus umgeschlagen. Überlastet mit neuen Aufgaben insbesonders im Bereich der Friedenserhaltung mit militärischen Mitteln (*peacekeeping*), hoffnungslos unterfinanziert durch ihre Mitgliedsstaaten sowie immer häufiger mißbraucht für die nationalen Interessen der USA und anderer Industrieländer des Nordens, verliert die UNO zunehmend an Glaubwürdigkeit. Ohnehin fordern diese Länder bereits seit dem Ende der Entkolonialisierung in den siebziger Jahren vergeblich die Umsetzung der zweiten zentralen Zielsetzung der UNO-Charta: die Überwindung des Nord-Süd-Gefälles durch soziale und wirtschaftliche Entwicklung und die Herstellung gerechter Welthandelsstrukturen.

Zwar bilden die Staaten des Südens eine Zweidrittelmehrheit unter den UNO-Mitgliedsstaaten. Ihr Einfluß in der Weltorganisation ist in den letzten 25 Jahren aber kontinuierlich zurückgedrängt worden. In der veröffentlichten Meinung ist zumeist undifferenziert von *der* UNO die Rede – zumal, wenn über Versagen und Fehler wie in Somalia, Ex-Jugoslawien oder Ruanda berichtet wird. Diese Darstellung unterschlägt die Verantwortung einzelner Mitgliedsstaaten, die mit ihren oft gegensätzlichen Interessen und höchst unterschiedlichen politischen, wirtschaftlichen und militärischen Einflußmöglichkeiten die Politik der UNO bestimmen. *Die* UNO als eigenständig handelndes Subjekt existiert nicht.

Die UNO wird nur überleben, wenn die Einfluß- und Mitentscheidungsmöglichkeiten aller ihrer inzwischen 184 Mitgliedsstaaten trotz unterschiedlicher Gewichte einander angeglichen werden. Politische und organisatorische Reform oder baldiger Kollaps – vor dieser Alternative stehen die Vereinten Nationen 50 Jahre nach ihrer Gründung. Oder hat sich der von den damaligen Siegermächten gewählte Ansatz einer globalen kollektiven Institution nach dem Ende der Ost-West-Konfrontation historisch überlebt? Gibt es eine andere Alternative zur UNO außer dem Rückfall in die völlige Barbarei internationaler Beziehungen? Wäre ein Ersatz der UNO durch regionale Institutionen auf den fünf Kontinenten eine Lösung?

# Von Rom nach New York



Unmittelbarer organisatorischer Vorgänger der Vereinten Nationen war der 1919 gegründete **Völkerbund**. Zwar wurde er bis zu seiner Auflösung 1946 von den Staaten Europas dominiert und war überwiegend mit innereuropäischen Problemen befaßt. Doch war der Völkerbund die erste weltweite Institution auf der Basis gemeinsamer Rechtsprinzipien, später **Völkerrecht** genannt.

Die ideengeschichtlichen Vorläufer des Völkerbundes reichen zurück bis ins Mittelalter. Bis dahin hatte das Heilige Römische Reich die für weite Teile der damals bekannten Welt gültigen Ordnungsprinzipien bestimmt. Mit der Auflösung des Römischen Reiches und der Entstehung souveräner Nationalstaaten erwuchs auch die Notwendigkeit, die Beziehungen zwischen diesen Nationalstaaten durch allgemein anerkannte Vereinbarungen zu organisieren. Die ersten völkerrechtlichen Regeln entwickelten sich Anfang des zweiten Jahrtausends im Bereich des Land- und Seekriegsrechts, zwischenstaatlicher Handelsverträge und des Austauschs von Diplomaten. Zumeist waren diese Regeln ungeschriebenes Gewohnheitsrecht und galten zunächst nur auf dem Territorium des ehemaligen Römischen Reiches – also in Europa, Kleinasien und Nordafrika. Doch mit der Kolonisierung fast ganz Asiens, Afrikas sowie Nord- und Südamerikas durch europäische Staaten begann die Diskussion, ob und wieweit völkerrechtliche Prinzipien auch für diese Kolonien und die Beziehung zu ihren «Mutterländern» Anwendung finden sollten. Endgültig entschieden im Sinne einer globalen Gültigkeit des Völkerrechts wurde diese Frage erst in der Phase der Entkolonisierung zwischen 1947 und 1975.

Ab dem 17. Jahrhundert setzte sich in Europa langsam die Einsicht durch, daß ein gemeinsames Völkerrecht zur Sicherung einer Friedensordnung allein nicht ausreicht, sondern daß es auch institutioneller Verbindungen zwischen den souveränen Nationalstaaten bedarf. Damals entstanden zahlreiche Entwürfe für einen **Staatenbund**. Am meisten Beachtung fanden vier Vorschläge aus Frankreich, England und Deutschland. Der französische Herzog von Sully (1560–1641) veröffentlichte 1640 seinen «Großen Plan» für eine europäische Föderation christlicher Staaten unter Frankreichs Führung. Der Abbé von St. Pierre, Charles-Irene Castel (1658–1743) schlug die Gründung eines Staatenbundes auf Basis des Friedensvertrages vor, den die europäischen Staaten 1712 in Utrecht geschlossen hatten. Den größten Einfluß im angelsächsischen Sprachraum bis hin nach Amerika hatte der 1693 erschienene «Entwurf zum gegenwärtigen und zukünftigen Frieden von Europa durch Schaffung eines europäischen Reichstages, Parlaments oder von Reichsständen» des englischen Quäkers William Penn (1644–1718). Der bei Veröffentlichung seines Entwurfs bereits in Amerika lebende Penn, Namensgeber des späteren US-Bundesstaates Pennsylvania, regte die Schaffung einer «Gesellschaft der Nationen» (Society of Nations) an in Form eines europäischen Staatenkongresses mit verbindlichem Entscheidungsrecht in allen zwi-

**Der Vorschlag Kants**

« Es soll kein für sich bestehender Staat (klein oder groß, das ist hier gleichviel) von einem anderen Staate durch Erbung, Tausch, Kauf oder Schenkung erworben werden können (...). Stehende Heere sollen mit der Zeit ganz aufhören. (...) Die bürgerliche Verfassung in jedem Staat soll republikanisch sein. (...) Das Völkerrecht soll auf einem Föderalismus freier Staaten gegründet sein. »

Immanuel Kant, *Zum ewigen Frieden*

schenstaatlichen Streitfragen. Den bis dato konsequentesten Vorschlag machte 1795 der deutsche Philosoph Immanuel Kant (1724–1804) in seiner Schrift *Zum ewigen Frieden.* Darin kommt der deutsche Begriff «Völkerbund» zum erstenmal vor. Als Basis für den Völkerbund regte Kant einen allgemeinen Friedensvertrag an mit Grundsätzen sowohl für die Ordnung in den souveränen Staaten wie für ihre Beziehungen untereinander.

Anfang des 19. Jahrhunderts gerieten die Konzeptionen für eine auf Völkerrecht und zwischenstaatliche Institutionen gegründete europäische Friedensordnung zunächst einmal in die Defensive. Im Zuge der Befreiungskriege gegen Napoleon kam es zur Restauration der These vom «**gerechten Krieg**» zum Zwecke der Vaterlandsverteidigung sowie alter Ordnungsvorstellungen von innereuropäischen Machtgleichgewichten. Der Wiener Kongreß von 1815 war noch einmal ein Versuch, die Beziehungen der Staaten untereinander nach diesen alten Ordnungsvorstellungen zu regeln und Europa unter den größten Mächten aufzuteilen. Doch die beim Wiener Kongreß getroffenen Festlegungen gerieten im Laufe des 19. Jahrhunderts zunehmend in Konflikt mit den Interessen der Freihandelsbewegung. Im Zuge der Industrialisierung wurde diese Bewegung zunächst in Großbritannien und dann auch in kontinentaleuropäischen Staaten immer stärker. Ihre Hauptziele waren Abbau von Handelshemmnissen, Öffnung der Grenzen und zwischenstaatliche Kooperation zumindest in Europa. Als Folge der Freihandelsbewegung kam es in der zweiten Hälfte des 19. Jahrhunderts im Bereich von Handel, Verkehr und Technik zur Gründung der ersten internationalen Institutionen überhaupt: 1856 wurde auf der Pariser Staatenkonferenz die Internationale Donau-Kommission etabliert. Diese Einrichtung sollte unabhängig von Regierungen die Schiffahrt auf der gesamten Donau regeln. 1856 folgte die Internationale Telegraphen-Union, 1873 die Internationale Meteorologische Organisation, 1875 der Weltpostverein,

1883 der Internationale Verband zum Schutz des gewerblichen Eigentums, 1905 das Internationale Agrarinstitut und 1907 die Internationale Gesundheitskommission. Zu Beginn des Ersten Weltkriegs 1914 existierten bereits 34 zwischenstaatliche Institutionen. Sie waren sämtlich Vorläufer entsprechender Sonder- und Spezialorganisationen des Völkerbundes (beziehungsweise ab 1945 der UNO).

Von Bedeutung für den späteren Völkerbund waren auch die beiden **Haager Friedenskonferenzen**, an denen 1899 26 und 1907 44 Staaten teilnahmen. Rußland hatte die Initiative ergriffen, da es eine Vereinbarung von völkerrechtlich verbindlichen Rüstungsbeschränkungen sowie von obligatorischen Streitschlichtungsverfahren anstrebte. Das sind Verfahren, denen sich an einem Konflikt beteiligte Staaten unterwerfen müssen. Beide Vorhaben scheiterten in erster Linie am Widerstand des Deutschen Reiches. Die Berliner Regierung war damals nicht bereit, von ihr als «vital» definierte nationale Interessen einer internationalen Kontrolle oder Einschränkung zu unterwerfen. Die Teilnehmer der Haager Konferenz konnten sich daher lediglich auf Maßnahmen zur «Humanisierung» von Kriegen verständigen. Die **Haager Landkriegsordnung** sieht das Verbot von Gift- und Erstickungsgasen und des Einsatzes von Dum-Dum-Geschossen vor. Auch die Einsetzung des **Haager Schiedsgerichtshofes** wurde vereinbart, der im Falle zwischenstaatlicher Konflikte – allerdings nur auf freiwilliger Basis – vermitteln kann. In der Öffentlichkeit galten die Haager Konferenzen seinerzeit überwiegend als gescheitert, da sich die dort vertretenen Regierungen nicht auf Maßnahmen zur Rüstungsbeschränkung und Kriegsverhinderung einigen konnten. Forderungen nach derartigen Maßnahmen fanden um die Jahrhundertwende vor allem in den europäischen Industriestaaten große Unterstützung in weiten Teilen der Bevölkerung. Die Freihandelsbewegung trat für obligatorische zwischenstaatliche Streitschlichtungsverfahren ein und kritisierte die Politik staatlich finanzierter Rüstung. Am «Recht des souveränen Nationalstaates auf militärische Selbstverteidigung» hielt sie allerdings fest – im Unterschied zu den prinzipiellen Pazifisten, die dieses «Recht» nicht anerkannten und Militär – wenn überhaupt – nur noch als Instrument und unter Kontrolle einer zwischenstaatlichen Organisation zulassen wollten.

Den breitesten Einfluß auf die öffentliche Diskussion hatte die internationale Arbeiterbewegung, die sich 1889 in Brüssel in der «Zweiten Internationale» zusammengeschlossen hatte. Für die Arbeiterbewegung war – neben der ungerechten Verteilung von Kapital und Produktionsmitteln – die Hochrüstung der souveränen Nationalstaaten Hauptursache für die zunehmende soziale Verelendung in den sich entwickelnden Industriegesellschaften Europas. Trotz aller Einigkeit in der Ablehnung bewaffneter Auseinandersetzungen zerbrach die «Zweite Internationale» schließlich jedoch an den nationalistischen Strömungen, die bis Mitte 1914 in den meisten europäischen Staaten die Politik bestimmten.

## UNO-Vorgänger Völkerbund

Bereits während des Ersten Weltkriegs erarbeiteten Politiker, staatliche Stellen und private Vereinigungen in kriegsbeteiligten wie in neutralen Ländern zahlreiche Entwürfe für eine internationale Institution zur dauerhaften Friedenssicherung. Den stärksten Einfluß auf die Satzung des späteren Völkerbundes hatten die «14 Punkte», die US-Präsident Woodrow Wilson am 8. Januar 1918 vor dem Kongreß in Washington vortrug, sowie der nach dem Vorsitzenden einer britischen Regierungskommission benannte Phillimore-Bericht vom März 1918. Präsident Wilson griff diesen Bericht dann auf und entwickelte ihn weiter.

## US-Präsident Wilsons Völkerbund-Konzept

Wilsons Konzept enthielt fünf zentrale Forderungen:

- Abschaffung der Geheimdiplomatie und der Geheimverträge als Sinnbild einer überlebten Komplott- und Verschwörerdiplomatie und ihre Ersetzung durch eine offene und für die Öffentlichkeit durchsichtige Konferenzdiplomatie.
- Sicherung des territorialen Besitzstands und der politischen Unabhängigkeit und Freiheit aller Staaten sowie des Selbstbestimmungsrechts der Völker in der Überzeugung, daß es der Gerechtigkeit ebenso wie dem Frieden nicht dient, wenn Völker und Gebiete wie Figuren auf dem Schachbrett der Mächte hin und her geschoben werden.
- Gleichbehandlung aller Staaten unabhängig von ihrer Größe und ihrer wirtschaftlichen und sonstigen Bedeutung und Rechtsanspruch auf Mitgliedschaft im Völkerbund. Das sollte auch für die im Ersten Weltkrieg besiegten Mittelmächte (Deutschland, Österreich, Ungarn, Bulgarien) gelten.
- Verminderung der nationalen Rüstungen bis auf einen Stand, der die Aufrechterhaltung der inneren Ordnung noch sichert; darüber hinaus Verbot aller Kriegsrüstung. Die Sicherung der staatlichen Unabhängigkeit sollte allein Aufgabe des Völkerbunds sein.
- Wirtschaftliche Gleichberechtigung sollte vorrangig durch allgemeine Verkehrsfreiheit auf den Meeren und durch den Abbau aller entbehrlichen Handelsschranken verwirklicht werden. In allen Formen der wirtschaftlichen Diskriminierung – sofern es sich nicht um ein vom Völkerbund sanktioniertes Embargo handelte – erblickte Wilson «ergiebige Quellen für Pläne und Leidenschaften», die zum Krieg führen.

Hermann Weber: *Vom Völkerbund zu den Vereinten Nationen*, UNO-Texte 34, Bonn 1987

Die USA trugen am Ausbruch des Ersten Weltkriegs keine Schuld. Doch durch ihren Kriegseintritt 1917 ermöglichten sie das Ende des Schlachtens. Deshalb wurde Washingtons führende Rolle bei der Formulierung der Völkerbund-Satzung von keiner Seite in Frage gestellt. Formal beraten wurde die Satzung von den 32 Siegerstaaten des Ersten Weltkriegs ab Dezember 1918 auf der **Pariser Friedenskonferenz**. Dort wurden die Friedensverträge mit den besiegten «Mittelmächten» Deutschland, Österreich, Ungarn und Bulgarien ausgehandelt. Wilson hatte auf einer Verknüpfung der Völkerbundsatzung mit den Friedensverträgen bestanden, um die Chancen für eine Ratifizierung der Satzung durch den US-Senat in Washington zu erhöhen. Die fünf damaligen Großmächte USA, Großbritannien, Frankreich, Italien und Japan stellten sicher, daß sie in der Völkerbundkommission, die den Satzungstext auszuarbeiten hatte, über die Stimmenmehrheit verfügten. Mit Japan, China und Brasilien waren an den Verhandlungen neben den USA lediglich drei nichteuropäische Staaten beteiligt.

Am 28. April 1919 wurde die **Völkerbundsatzung** von den 32 Teilnehmerstaaten der Pariser Konferenz einstimmig beschlossen. Als Teil des Friedensvertrags mit Deutschland wurde sie am 28. Juni 1919 in Versailles von diesen 32 Staaten sowie von weiteren 13 Ländern mit neutralem Status unterzeichnet. Sie trat am 10. Januar 1920 in Kraft. Zwischen den Angeboten aus Brüssel und Genf für den Sitz des Völkerbundes (engl.: League of nations; franz.: Société des Nations) entschied die Pariser Konferenz für die Westschweizer Stadt an der Rhone. Dort hatte bereits das 1863 gegründete Internationale Komitee vom Roten Kreuz (IKRK) seinen Sitz.

Anders als der Name Völkerbund vermuten lassen könnte, enthalten die 26 Artikel der Satzung nicht Vereinbarungen zwischen Völkern, sondern zwischen Staaten, vertreten durch ihre Regierungen. Wichtigste Organe waren die Bundesversammlung, in der jeder Mitgliedsstaat eine Stimme hatte, und der Rat. Im Rat hatten die damaligen fünf Großmächte einen ständigen Sitz (allerdings ohne Vetorecht wie später im UNO-Sicherheitsrat). Dazu kamen vier weitere Mitgliedsstaaten des Völkerbundes, die jeweils für eine befristete Zeit von der Versammlung in den Rat gewählt wurden. Die Ziele des Völkerbundes wurden in der Präambel der Satzung formuliert (siehe Kasten).

In der Satzung verpflichten sich die Unterzeichnerstaaten, «die Unversehrtheit des Gebietes und die politische Unabhängigkeit aller Bundesmitglieder zu achten und gegen jeden äußeren Angriff zu wahren» (Artikel 10). Konflikte sollten künftig mit friedlichen, nichtmilitärischen Mitteln beigelegt werden. Dafür wurden Verfahren vereinbart vor dem neu zu gründenden **Internationalen Gerichtshof in Den Haag** oder vor Schiedsgerichten, die jeweils von Fall zu Fall einge-

**Präambel der Völkerbundsatzung**

« In der Erwägung, daß es zur Förderung der Zusammenarbeit unter den Nationen und zur Gewährleistung des internationalen Friedens und der internationalen Sicherheit wesentlich ist, bestimmte Verpflichtungen zu übernehmen; nicht zum Kriege zu schreiten; in aller Öffentlichkeit auf Gerechtigkeit und Ehre gegründete internationale Beziehungen zu unterhalten; die Vorschriften des internationalen Rechtes, die fürderhin als Richtschnur für das tatsächliche Verhalten der Regierungen anerkannt sind, genau zu beobachten; die Gerechtigkeit herrschen zu lassen und alle Vertragsverpflichtungen in den gegenseitigen Beziehungen der organisierten Völker peinlich zu achten; nehmen die Hohen vertragsschließenden Parteien die gegenwärtige Satzung, die den Völkerbund errichtet, an. »

setzt werden sollten. Brachten diese Verfahren keine Beilegung, sollte der Konflikt dem Rat des Völkerbundes vorgelegt werden. Allerdings enthielt die Völkerbundsatzung kein uneingeschränktes Kriegsverbot. Nur solange die in der Satzung vereinbarten Verfahren zur friedlichen Konfliktbeilegung nicht ausgeschöpft waren, galt Kriegsführung als Verstoß gegen die Satzung.

Erstmals völkerrechtlich festgeschrieben wurde das **Prinzip der kollektiven Sicherheit**. Danach verpflichten sich die Mitgliedsstaaten, im Falle von Verletzungen des Friedens durch einen oder mehrere Länder gemeinsame (kollektive) Gegenmaßnahmen zu ergreifen. In Artikel 8 wurden konkrete Maßnahmen zur Begrenzung nationaler Rüstungen vereinbart.

In den 26 Jahren seiner Existenz konnte der Völkerbund zwar die zwischenstaatliche Zusammenarbeit auf humanitärem, sozialem und wirtschaftlichem Gebiet fördern. Doch die Umsetzung der Satzungsziele Rüstungsbegrenzung, friedliche Konfliktbeilegung und vor allem die Verhinderung von Kriegen scheiterte am nationalstaatlichen Egoismus der Mitgliedsstaaten. Für das Scheitern der Bemühungen zur Rüstungsbegrenzung war in erster Linie das Deutsche Reich verantwortlich. Deutschland hatte die in den Versailler Friedensverträgen unterzeichneten Verpflichtungen zu Rüstungsbeschränkungen nie wirklich akzeptiert. Bei allen innerhalb wie außerhalb des Völkerbundes geführten Rüstungskontrollverhandlungen der zwanziger Jahre war Deutschland unter dem Vorwand der «Gleichbehandlung» mit den anderen europäischen Mächten vorrangig um eine Aufhebung dieser Beschränkungen bemüht. Wenige Monate nach Hitlers «Machtergreifung» am 30. Januar 1933 trat Deutschland zunächst aus der Abrüstungskonferenz des Völkerbundes und dann aus dem Völkerbund selbst aus.

Der Austritt der wichtigen europäischen Mittelmacht Deutschland, die als Hauptverlierer des Ersten Weltkriegs erst 1926 als Mitglied zugelassen worden war (nach Österreich und Bulgarien 1920 sowie Ungarn 1922), bedeutete eine weitere Schwächung des Völkerbundes, der zu diesem Zeitpunkt bereits erheblich angeschlagen und in seiner Glaubwürdigkeit beschädigt war. Ohnehin gehörten dem 1919 von 45 Staaten gegründeten Völkerbund bis zu seiner Auflösung 1946 gleichzeitig nie mehr als 57 überwiegend europäische Staaten an. Trotz ihrer entscheidenden Initiative in der Gründungsphase traten die USA dem Völkerbund nie bei. Bei zwei Abstimmungen im Jahr 1920 verfehlte der Senat in Washington die notwendige Zweidrittelmehrheit zur Ratifizierung der

**Der erste Schritt zum Krieg**

**Deutschlands Austritt aus der Abrüstungskonferenz**

« Nach dem Verlauf, den die letzten Beratungen der beteiligten Mächte über die Abrüstungsfrage genommen haben, steht nunmehr endgültig fest, daß die Abrüstungskonferenz ihre einzige Aufgabe, die allgemeine Abrüstung durchzuführen, nicht erfüllen wird. Zugleich steht fest, daß dieses Scheitern der Abrüstungskonferenz allein auf den mangelnden Willen der hochgerüsteten Staaten zurückzuführen ist, ihre vertragliche Verpflichtung zur Abrüstung jetzt einzulösen. Damit ist auch die Verwirklichung des anerkannten Anspruchs Deutschlands auf Gleichberechtigung unmöglich gemacht worden und die Voraussetzung fortgefallen, unter der sich die deutsche Regierung Anfang dieses Jahres zur Wiederbeteiligung an den Arbeiten der Konferenz bereit gefunden hatte. Die deutsche Regierung sieht sich daher gezwungen, die Abrüstungskonferenz zu verlassen. »

Telegramm des Reichsaußenministers von Neurath vom 14. Oktober 1933 an den Präsidenten der Abrüstungskonferenz, Henderson

Völkerbundsatzung. Die 1917 gegründete Sowjetunion, erste sozialistische Großmacht der Geschichte, wurde erst 1934 Mitglied des Völkerbundes und nach ihrem Überfall auf Finnland 1939 wieder ausgeschlossen. Dem Austritt Deutschlands 1933 folgte noch im selben Jahr Japan und 1937 Italien. Damit waren im Völkerbundrat mit Großbritannien und Frankreich nur noch zwei der ursprünglich vorgesehenen fünf Großmächte mit ständigem Sitz vertreten. Die Politik des Völkerbundes wurde fortan weitgehend von London und Paris bestimmt.

Der erste bewaffnete Konflikt, mit dem sich der Völkerbund befaßte, war die völkerrechtswidrige Besetzung der chinesischen Provinz Mandschurei durch japanische Truppen 1931. Bereits in diesem Fall hatten Frankreich und Großbritannien die Verhängung von Sanktionen entsprechend Artikel 16 der Völkerbundssatzung gegen den Aggressor Japan verhindert. Nach dem Überfall Italiens auf Äthopien im Oktober 1935 – ebenfalls eindeutig ein Bruch der Völkerbundsatzung – verhinderten wiederum Franzosen und Briten wirksame Sanktionen. In einem Geheimabkommen verständigten sie sich schließlich sogar darauf, daß Italien seine militärische Eroberungen in Äthopien fast vollständig behalten sollte. Auch nach der faschistischen Erhebung General Francos gegen die demokratisch gewählte Regierung in Spanien, die von Deutschland, Italien und Portugal massiv unterstützt wurde, blockierten Paris und London ein Eingreifen des Völkerbundes.

Die doppelbödige Politik Frankreichs und Großbritanniens im Völkerbundrat hatte schwerwiegende Folgen: Mit ihrem Verhalten im Äthopien-Konflikt schufen sie einen Präzedenzfall für das «**Münchner Abkommen**» von 1938 – ein Diktat an Prag, das Sudetenland an das Deutsche Reich abzutreten. Spätestens nach diesem Abkommen war der Völkerbund für Hitler kein ernstzunehmender Faktor mehr. Seinen weiteren Verstößen gegen das Völkerrecht – Besetzung des Rheinlandes, «Anschluß» Österreichs, Zerschlagung des tschechischen Reststaates, Einverleibung Danzigs – folgte schließlich am 1. September 1939 der Angriff Deutschlands auf Polen. Mit dem Beginn des Zweiten Weltkriegs existierte der Völkerbund nur noch auf dem Papier.

## 1945: ein neuer Anfang

Der aus den bitteren Erfahrungen des Ersten Weltkriegs begründete Völkerbund hatte weder die bewaffneten Auseinandersetzungen der zwanziger und dreißiger Jahre noch den Zweiten Weltkrieg verhindern können. Damit wurden zwar die Hoffnungen von Millionen Menschen in aller Welt bitter enttäuscht. Den Glauben an die Notwendigkeit internationaler Institutionen zur Kriegsverhütung und friedlichen Konfliktregelung konnte diese Erfahrung allerdings nicht zerstören. Am 19. April 1946 wurde der Völkerbund durch einen Beschluß seiner Bundesversammlung zwar offiziell aufgelöst. Doch schon ein knappes Jahr zuvor und nur wenige Wochen nach der Kapitulation Hitlerdeutschlands am 8. Mai 1945 war eine neue kollektive Staatenorganisation gegründet worden: Die Vertreter von 50 Staaten unterzeichneten am 26. Juni 1945 in San Francisco die **Charta der «Vereinten Nationen»** sowie das Statut des Internationalen Gerichtshofes. Polen, dessen nationale Souveränität damals noch von der Sowjetunion bestritten wurde, kam später als 51. Gründungsmitglied der UNO hinzu. Am 24. Oktober 1945 trat die Charta der Vereinten Nationen in Kraft.

Der Gründungskonferenz von San Francisco waren bereits knapp achtjährige Vorbereitungen und Verhandlungen vorausgegangen. Sie wurden vornehmlich von den USA geprägt, in zweiter Linie von den anderen beiden Siegermächten des Zweiten Weltkriegs, Großbritannien und Sowjetunion. Den ersten Anstoß für eine neue internationale Organisation gab US-Präsident Franklin D. Roosevelt. In seiner berühmten «Quarantäne»-Rede rief Roosevelt am 5. Oktober 1937 zu «gemeinsamen Anstrengungen der friedliebenden Nationen» gegen die zunehmend aggressivere Politik der drei «Achsenmächte» Deutschland, Italien und Japan auf.

In einem vom Kongreß beschlossenen Gesetz, das von einer großen Bevölkerungsmehrheit unterstützt wurde, hatten sich die USA allerdings 1935 zur strikten Neutralität in sämtlichen kriegerischen Konflikten verpflichtet. Erst das Münchner Abkommen von 1938 und die Sudetenkrise, Japans immer un-



**Roosevelts «Quarantäne»-Rede**

« ... wenn wir eine Welt haben wollen, in der wir frei atmen und in Freundschaft ohne Furcht leben können, müssen die friedliebenden Nationen dieser Welt eine konzertierte Anstrengung unternehmen, um die Gesetze und Prinzipien aufrechtzuerhalten, auf denen der Friede allein sicher ruht. Die friedliebenden Nationen müssen eine konzertierte Anstrengung gegen jene Vertragsbrüche und gegen jene Mißachtung humaner Instinkte unternehmen, die verantwortlich sind für den heutigen Zustand der Anarchie und Instabilität zwischen den Staaten, von dem es kein Entrinnen gibt durch bloße Abschließung oder Neutralität. (...) Es scheint unglücklicherweise wahr zu sein, daß sich die Gesetzlosigkeit in der Welt epidemisch ausbreitet. Wenn aber eine Krankheit sich epidemisch auszubreiten beginnt, ist sich die Gemeinschaft einig und findet sich darin zusammen, die Patienten durch eine Quarantäne zu isolieren, um die Gemeinschaft vor der Ausbreitung der Krankheit zu schützen ... »

verhüllter verfolgte Expansionsziele in Asien, Deutschlands Überfall auf Polen 1939 sowie schließlich Italiens Angriff gegen Albanien 1940 bewirkten eine **Wende der US-Politik**. Zunächst wurde das Verbot des Waffenexports an Konfliktparteien aus dem Neutralitätsgesetz von 1935 gestrichen. 1940 sicherten die USA Großbritannien vertraglich logistische Unterstützung im Krieg gegen Deutschland zu. Nach Japans Angriff auf Pearl Harbour am 7. Dezember 1941 traten die USA dann selber aktiv in den Krieg ein.

Mit der Parteinahme gegen die Achsenmächte verband die Roosevelt-Administration auch das Kalkül, den USA für die Zeit nach Kriegsende eine Hauptrolle bei der Organisation einer dauerhaften Friedensordnung zu sichern. Erste Konzeptionen des State Departments (Außenministerium) in Washington vom Januar 1940 sahen eine von den «beiden englischsprachigen Demokratien» USA und Großbritannien geführte internationale Organisation auf drei Grundlagen vor:

- das bereits durch den Völkerbund entwickelte Völkerrecht;
- Neuordnung der Weltwirtschaft mit dem Ziel des Abbaus diskriminierender Handelspraktiken, des freien Zugangs für alle Staaten zu den Rohstoffmärkten sowie der Einführung freier und stabiler Wechselkurse;
- Abrüstung der «schuldigen Nationen».

Zu dieser Kategorie zählte Washington damals nicht nur die drei Achsenmächte, sondern auch all die mittleren und kleineren Staaten, die den faschistischen Diktaturen keinen Widerstand geleistet hatten. Alle Entscheidungen der neuen internationalen Organisation sollten nach Vorstellung der Roosevelt-Administration nur mit Zustimmung der USA und Großbritanniens erfolgen können. Zur Wahrung des

Weltfriedens sollten diese beiden Staaten eine gemeinsame Streitmacht für internationale Einsätze aufstellen.

Großbritannien hatte wegen seiner wirtschaftlichen Interessen in den im «Commonwealth» zusammengeschlossenen Kolonien allerdings Bedenken gegen Washingtons Vorschlag einer Neuordnung der Weltwirtschaft. Auch forderte London die regionale Untergliederung eines künftigen globalen Sicherheitssystems und starke Kompetenzen für den «Commonwealth». Eine solche Regelung hätte die USA von der Mitsprache in europäischen, asiatischen und afrikanischen Angelegenheiten praktisch ausgeschlossen. Angewiesen auf die Unterstützung der USA im Krieg gegen Deutschland, stellte Premierminister Winston Churchill seine Einwände jedoch zunächst zurück. Bei einem Treffen mit Präsident Roosevelt auf den Bermudas am 14. August 1941 unterzeichnete Churchill die wesentlich auf Basis der US-amerikanischen Vorstellung beruhende «**Atlantik-Charta**». Die Ziele der Charta: Zerschlagung der Nazi-Diktatur, Wiederherstellung des territorialen Status quo vor Beginn des Zweiten Weltkriegs, Freiheit aller Menschen und Selbstbestimmungsrecht der Völker innerhalb gesicherter Grenzen, weitgehende Abrüstung, Freiheit des Handels, gerechte Verteilung von Rohstoffen sowie Freiheit der Meere. 26 Staaten versprachen am 1. Januar 1942 in einer «Erklärung der Vereinten Nationen» ihre Unterstützung für diese Ziele. Bis zum März 1945 wurde die Erklärung von weiteren 21 Staaten unterschrieben.

Durch Deutschlands Überfall auf die Sowjetunion im Juni 1941 und den nachfolgenden Allianzvertrag zwischen London und Moskau war das Konzept einer lediglich auf die beiden Pfeiler USA und Großbritannien gestützten und von diesen beiden Staaten kontrollierten internationalen Nachkriegsordnung zum Zeitpunkt des Bermuda-Treffens von Roosevelt und Churchill jedoch eigentlich bereits überholt.

Zwar herrschten sowohl in Washington wie in London zunächst noch Bedenken, der Sowjetunion ebenfalls eine zentrale Rolle zuzuweisen. Hauptgrund war der Hitler-Stalin-Pakt von 1939 und der daraus abgeleitete sowjetische Gebietsanspruch auf Ostpolen auch für die Zeit nach Ende des Zweiten Weltkriegs. Nach dem Angriff Japans auf Pearl Harbour Anfang Dezember 1941 und dem aktiven Kriegseintritt der USA verloren diese Bedenken jedoch zunehmend an Gewicht. Roosevelt änderte seine ursprüngliche Konzeption. Im Mai 1942 schlug er dem sowjetischen Außenminister Molotow bei einem Treffen in Washington vor, die **Sowjetunion** und auch **China** (Taiwan) gleichberechtigt mit den USA und Großbritannien an der Führung der neuen internationalen Ordnung und an der Sicherung des Weltfriedens mit eigenen Streitkräften zu beteiligen. Damit war die Idee für den späteren UNO-Sicherheitsrat geboren. An eine Beteiligung Frankreichs dachte Roosevelt damals noch nicht. Denn in den Augen des US-Präsidenten war der Waffenstillstand, den das Vichy-Regime im Sommer 1940 mit den deutschen Besatzern schloß, ein Akt der Kollaboration mit den Nazis. In einer gemeinsamen Erklärung vereinbarten die Außenminister der Sowjetunion, der USA und Großbritanniens am 30. Oktober 1943 in Moskau die baldige Schaffung einer internationalen Organisation entsprechend den Rooseveltschen Vorschlägen sowie die Einbeziehung Chinas als vierter Führungsmacht. Nach einem Treffen Roosevelts, Stalins und Churchills im November 1943 in Teheran wurden die Ergebnisse der Moskauer Außenministerkonferenz bestätigt. Danach begannen die konkreten Vorarbeiten zur Schaffung der «Organisation der Vereinten Nationen». Treibende Kraft waren weiterhin die USA. Washingtons Vorstellungen über die neue Organisation setzten sich schließlich in der 1945 in San Francisco beschlossenen Charta fast vollständig durch. Wichtigstes Organ der «Vereinten Nationen» sollte nach diesen Vorstellungen der mit allen Kompetenzen ausgestattete «Exekutivrat» sein (später in «Sicherheitsrat» umbenannt). Für die

«Generalkonferenz» (heute «Generalversammlung»), in der alle Mitgliedsstaaten der «Vereinten Nationen» mit Sitz und Stimme vertreten sind, sahen die Vorschläge der Roosevelt-Administration lediglich eine Beratungs- und Empfehlungsfunktion vor. Der US-Präsident vertrat zunächst sogar die Position, der «Exekutivrat» solle ausschließlich aus den vier Führungsmächten bestehen. Später schloß sich der US-Präsident dem Vorschlag des State Department an, zwecks breiterer politischer Abstützung künftiger Friedenssicherungsmaßnahmen des «Exekutivrats» einige mittlere und kleinere Staaten mit nichtständigem Sitz in das Gremium aufzunehmen. Allerdings unter der Bedingung, daß die fünf Führungsmächte (1945 bekam auch Frankreich einen ständigen Sitz im Sicherheitsrat) das **Vetorecht** erhalten und damit auch einzeln nicht überstimmt werden können.

Nach Roosevelts Überzeugung waren der hohe Rüstungsstand vieler Staaten auch nach Ende des Ersten Weltkriegs und das anhaltende Wettrüsten eine wesentliche Ursache für das Scheitern des Völkerbundes und den Ausbruch des Zweiten Weltkriegs. Zu seinen Vorstellungen für eine neue internationale Ordnung gehörte daher ursprünglich die Zielsetzung einer vollständigen **Abrüstung** aller Staaten mit Ausnahme der Führungsmächte.

Die Abrüstung eines Staates sollte sogar Vorbedingung für seinen Beitritt zu der Organisation der Vereinten Nationen sein. Doch die Abrüstungszielsetzung wurde bei den Beratungen im Vorfeld der Charta-Konferenz von San Francisco aufgegeben. Dahinter stand die Frage, wie und von wem künftige Entscheidungen des Sicherheitsrates über die Anwendung militärischer Zwangsmaßnahmen zur Friedenssicherung durchgesetzt werden sollten. Roosevelt plädierte zunächst für eine ständige **UNO-Streitmacht** unter direkter Verfügung des Sicherheitsrates. Diese Streitmacht sollte aus nationalen Streitkräften (vorrangig den Luftwaffen) der

Führungsmächte gebildet werden und sich auf ein weltweites Netz von Luftwaffenstützpunkten und logistischen Einrichtungen stützen. Gegen dieses Modell gab es jedoch Einwände sowohl innerhalb der US-Administration wie bei anderen Regierungen. Es galt als völkerrechtlich und politisch unrealistisch und als zu kostspielig. Deshalb wurde schließlich das bis heute gültige Verfahren beschlossen, wonach der Sicherheitsrat in jedem Einzelfall einer Entscheidung über militärische Maßnahmen die benötigten Soldaten, Waffen und Ausrüstung bei den UNO-Mitgliedsstaaten anfordern muß.

Die Forderung nach vollständiger Abrüstung wurde abgeschwächt in die unverbindliche Empfehlung, die Staaten sollten ihre Rüstungen und Truppenstärken auf einen Umfang begrenzen, den sie zur Verteidigung und Friedenssicherung als notwendig erachten. Die Generalversammlung der UNO erhielt den ebenfalls unverbindlichen Auftrag zur «Beratung» über künftige Maßnahmen der Rüstungskontrolle und -begrenzung (Artikel 11 der Charta).

Die seit Anfang der neunziger Jahre zahlreichen Aktivitäten der UNO im Bereich des **Peacekeeping** haben für viele Menschen das Image der Weltorganisation entscheidend geprägt. Vielfach ist der falsche Eindruck entstanden, als sei die «Wahrung des Weltfriedens und der internationalen Sicherheit» Hauptaufgabe oder gar einzige Zweckbestimmung der Vereinten Nationen. In Kapitel I, Artikel 1 der Charta wird jedoch als gleichberechtigtes «Ziel» der UNO festgelegt, «eine internationale Zusammenarbeit herbeizuführen, um internationale Probleme wirtschaftlicher, sozialer, kultureller und humanitärer Art zu lösen und die Achtung vor den Menschenrechten und Grundfreiheiten für alle ohne Unterschied der Rasse, des Geschlechts, der Sprache oder der Religion zu fördern und zu festigen».

## Ost-West-Blockade und Nord-Süd-Konflikt



Insbesonders der Charta-Auftrag der kollektiven Friedenssicherung basierte auf der Annahme, die Siegerkoalition des Zweiten Weltkriegs bleibe über 1945 hinaus bestehen. Doch schon in den ersten acht Jahren nach Gründung der UNO führte der ideologische Konflikt zwischen den USA und der Sowjetunion zur fast völligen Lähmung der Weltorganisation. In der Generalversammlung dominierten in den Anfangsjahren zwar eindeutig die USA. Lediglich fünf Staaten gehörten zum Lager der Sowjetunion, zehn weitere galten als blockfrei. Aber mit ihrem Vetorecht im Sicherheitsrat konnten sich die beiden Großmächte gegenseitig blockieren. Der «**Kalte Krieg**» (ein 1947 von US-amerikanischen Journalisten geprägter Begriff) verhinderte gemeinsames Handeln in all jenen Regionen und Problembereichen, in denen Washington und/oder Moskau eigene Interessen verfolgten. Von den 49 Vetos, die zwischen 1946 und 1949 im Sicherheitsrat eingelegt wurden, kamen allein 47 von der Sowjetunion – nicht selten provoziert durch die USA. Viele dieser sowjetischen Vetos richteten sich gegen die Aufnahme neuer westlicher Staaten in die UNO (u.a. Irlands, Italiens, Portugals). Die USA und ihre Verbündeten im Sicherheitsrat verhinderten im Gegenzug zum Beispiel den Beitritt Bulgariens und Albaniens. Schließlich verhängte der Sicherheitsrat 1950 einen totalen **Aufnahmestop bis 1955**. Sitzungen des obersten UNO-Gremiums wurden in dieser Phase immer seltener: Im Jahr 1948 tagte der Rat 168mal, 1955 nur noch 23mal. Infolge der Handlungsunfähigkeit des Sicherheitsrates wurden Fragen von Frieden und Sicherheit immer häufiger vor der Generalversammlung behandelt.

Nach dem Tod Josef Stalins 1953, dem Ende des Koreakriegs ein Jahr später und dem Amtsantritt Nikita Chruschtschows 1955 kam es zu einer leichten Entspannung im Verhältnis der beiden Großmächte. Sie konnten sich auf die Aufnahme von

16 neuen UNO-Mitgliedern einigen. Und ab Mitte der fünfziger Jahre begannen die Sowjetunion und ihre osteuropäischen Bündnispartner, in einigen der bis dahin von ihnen boykottierten Sonder- und Spezialorganisationen der UNO mitzuarbeiten.

Ab Mitte der fünfziger Jahre veränderten sich das innere Gefüge der UNO und die in ihrem Rahmen behandelten Probleme erheblich. Infolge der **Entkolonisierung Afrikas und Asiens** verdoppelte sich die Zahl der UNO-Mitgliedsstaaten bis 1960 auf 100. Bis 1980 kamen weitere 53 Staaten hinzu. Als neun Jahre später mit der Berliner Mauer auch der Ost-West-Konflikt zusammenbrach, waren es 160, davon 80 % aus der südlichen Hemisphäre. Vor allem der Zerfall der Sowjetunion und einiger anderer osteuropäischer Staaten führte noch einmal zu einem erheblichen Zuwachs auf jetzt 184 UNO-Mitgliedsstaaten (davon 75 % aus dem Süden).

**Alte und neue UNO-Mitglieder**

Die ältesten Mitglieder (1945):
Ägypten, Äthiopien, Argentinien, Australien, Belgien, Bolivien, Brasilien, Chile, China, Costa Rica, Kuba, Dänemark, Dominikanische Republik, El Salvador, Ecuador, Frankreich, Griechenland, Großbritannien, Guatemala, Haiti, Honduras, Indien, Iran, Irak, Jugoslawien, Kanada, Kolumbien, Libanon, Liberia, Luxemburg, Mexiko, Niederlande, Neuseeland, Nicaragua, Norwegen, Panama, Paraguay, Peru, Philippinen, Polen, Saudi-Arabien, Südafrika, Syrien, Tschechoslowakei, Türkei, UdSSR, Ukraine [!], Uruguay, USA, Venezuela, Weißrußland [!]

... und die jüngsten (1993):
Andorra, Eritrea, Makedonien, Monaco, Slowakei, Tschechien

Die wirtschaftliche und soziale Unterentwicklung der Mitgliedsstaaten aus Afrika, Asien und Lateinamerika – überwiegend Folge der Kolonialzeit – und das Ungleichgewicht zwischen Nord und Süd bestimmten die Debatten und Entscheidungen der UNO-Generalversammlung in den sechziger und siebziger Jahren. Neben den beiden Lagern in der Generalversammlung, die von den USA und der Sowjetunion geführt wurden, entstanden die **«Gruppe der 77»** und die **«Bewegung der Blockfreien»**, in denen sich die meisten der neuen Nationalstaaten Afrikas, Asiens und zum Teil auch Lateinamerikas organisierten. Auf ihre Intitiative hin verabschiedete die UNO-Generalversammlung zahlreiche Programme zur Entwicklung der Länder des Südens und für eine Überwindung des globalen Ungleichgewichts. Zur Umsetzung dieser Programme wurden auf Betreiben der «Gruppe der 77», die bis Anfang der neunziger Jahre auf 124 Mitglieder wuchs, neue Institutionen eingerichtet, darunter die UNO-Organisation für Handel und Entwicklung (UNCTAD, 1964), das UNO-Entwicklungsprogramm (UNDP, 1965) und der UNO-Sonderfonds für industrielle Entwicklung (UNIDO, 1966). Wichtigstes Forum für die Länder des Südens wurde die UNCTAD. Viele ihrer Vorschläge für eine neue Weltwirtschaftsordnung oder zur Sicherung von Mindest-Weltmarktpreisen für Rohstoffe wurden von der UNO-Generalversammlung mit großer Mehrheit beschlossen. Sie verabschiedete auch eine Resolution, wonach die Industriestaaten mindestens 0,7 % ihres Bruttosozialprodukts für Entwicklungshilfe an den Süden aufwenden sollen. In der UNO-Organisation für Erziehung, Wissenschaft und Kultur (UNESCO) setzten die Staaten des Südens angesichts der globalen Dominanz der Medien aus dem Norden Mitte der siebziger Jahre die Forderung nach einer neuen Weltkommunikationsordnung durch.

Doch die Umsetzung der meisten dieser Vorschläge und Modelle scheiterte an den Staaten des Nordens. Sie fühlten sich nicht an die entsprechenden Resolutionen gebunden. Formal verbindliche Beschlüsse kann die Generalversammlung laut UNO-Charta lediglich zu Haushaltsfragen fassen, zur Aufnahme neuer Mitglieder, zur Entsendung nichtständiger Vertreter in den Sicherheitsrat sowie – gemeinsam mit dem Sicherheitsrat – zur Wahl des UNO-Generalsekretärs und der Richter am Internationalen Gerichtshof in Den Haag. Auf politische Entscheidungen von Sonderorganisationen, die ihnen politisch nicht genehm waren, reagierten vor allem die USA und Großbritannien seit den siebziger Jahren mehrfach mit Austritt oder der Zurückhaltung von Beitragszahlungen. Seit den achtziger Jahren verlagerten die Staaten des Nordens zudem relevante Verhandlungen und Entscheidungen im Bereich Handel und Weltwirtschaft zunehmend in die von ihnen dominierten Institutionen Weltbank und Internationaler Währungsfonds (IWF), in die Gruppe der sieben wichtigsten Industrienationen (G-7) oder in das GATT (Allgemeines Zoll- und Handelsabkommen), das Anfang 1995 von der neuen Welthandelsorganisation (WTO) ersetzt wurde.

Der Sicherheitsrat, das zentrale Entscheidungsorgan der UNO, blieb unberührt von den Verschiebungen in der Mitgliedschaft der Vereinten Nationen. Zwar wurde der Rat 1965 durch Änderung von Artikel 23 der Charta von zunächst 11 Mitgliedern um vier nichtständige Sitze auf 15 Mitglieder erweitert. Seit 1966 gilt auch ein verbindlicher geographischer Verteilschlüssel für die zehn nichtständigen Sitze. Doch an den Machtkonstellationen innerhalb des Sicherheitsrates änderte sich in den letzten 50 Jahren überhaupt nichts. Nach wie vor gilt die 1945 von Roosevelt, Stalin und Churchill beschlossene **«Jalta-Formel»**, die in Artikel 27 der Charta festgeschrieben wurde. Danach bedarf es für Entscheidungen des Sicherheitsrats der Zustimmung von neun Mitgliedern. Zugleich darf keines der fünf ständigen Mitglieder USA, Rußland, China, Großbritannien und Frankreich mit «Nein» stimmen, sondern sich höchstens enthalten.

Zwischen Moskau und Washington begann ab Ende der fünfziger Jahre zwar offiziell die Phase der **«friedlichen Koexistenz»**. Dennoch beschränkten die Interessengegensätze zwischen Ost und West die Handlungsspielräume der UNO erheblich. In Regionalkonflikten und Bürgerkriegen in Afrika (Angola, Moçambique, Namibia, Äthiopien u. a.) oder Lateinamerika (z. B. in Kuba, Nicaragua, El Salvador), in denen die USA und die Sowjetunion eigene Großmachtinteressen verfolgten, ließen sie sich gegenseitig weitgehend freie Hand. Für den Sicherheitsrat bedeutete das in der Regel Handlungsunfähigkeit. Initiativen, die andere Ratsmitglieder zur Lösung von Konflikten ergriffen, wurden häufig gestoppt. Bis Anfang 1983 legte die Sowjetunion 113mal ein Veto ein, die USA 35mal. Das erste Veto der USA überhaupt erfolgte 1970, nachdem sie ihre Mehrheit und Führungsrolle in der Generalversammlung verloren hatten. Die Verbündeten Washingtons und Moskaus in NATO und Warschauer Pakt stimmten in der Generalversammlung sowie in anderen Organen und Gremien der UNO zumeist geschlossen mit ihren Vormächten.

Unter diesen Bedingungen konnte der Sicherheitsrat seine Aufgabe der friedlichen Konfliktregelung in den ersten 40 UNO-Jahren nur in wenigen Fällen und zumeist nur mit begrenztem Erfolg wahrnehmen. Im Konflikt zwischen Sowjetunion und Iran bewirkte der Rat 1946 eine Verhandlungslösung. Ein Jahr später vermittelte er die Loslösung Indonesiens von der Kolonialmacht Holland. Im Kaschmirkonflikt zwischen Indien und Pakistan erreichte der Sicherheitsrat zwar einen Waffenstillstand, aber keine dauerhafte politische Lösung. Nach wie vor sind UNO-Blauhelmtruppen an der Grenze zwischen beiden Staaten stationiert. Auch die zunächst von der Generalversammlung autorisierte und später vom Sicherheitsrat abgesegnete kollektive Militäroperation auf der koreanischen Halbinsel führte lediglich zu einem Waffenstillstand.

Erfolgreicher war die erste militärische Maßnahme der UNO zur Friedenserhaltung (Peacekeeping) 1956 / 57 auf der Suez-Halbinsel. Da die USA und die Sowjetunion dieser Maßnahme zwar zustimmten, Frankreich und Großbritannien aber ein Veto im Sicherheitsrat einlegten, wurde auch diese Operation von der Generalversammlung autorisiert. Im Kongo-Konflikt (1960–63) entsandte die UNO eine zeitweise bis zu 20 000 Mann starke Streitmacht und gab erstmals das Prinzip der «Nichteinmischung in die inneren Angelegenheiten» eines Staates auf. Am Einspruch der USA scheiterte in den sechziger Jahren (und erneut 1977) die Verhängung umfassender Wirtschaftssanktionen gegen das Apartheid-Regime in Südafrika – obwohl mehr als drei Viertel der UNO-Mitgliedsstaaten diese forderten.

Washington verhinderte auch wirksame Maßnahmen zur Durchsetzung der Resolution 242 des Sicherheitsrates, in der **Israel** nach dem **Sechs-Tage-Krieg** im Juni 1967 zum Rückzug aus den besetzten Gebieten aufgefordert wurde. Vergeblich forderte die Generalversammlung auf ihrer Herbstsitzung bis Anfang der neunziger Jahre regelmäßig mit großer Mehrheit Druckmaßnahmen, um Israel zur Umsetzung der Resolution zu bewegen. Zwar ist die Forderung nach Rückzug von den besetzten Gebieten infolge des Friedensprozesses im Nahen Osten inzwischen teilweise eingelöst. Doch das Schicksal von Resolution 242 hat das Vertrauen vieler UNO-Mitglieder in eine Gleichbehandlung aller Staaten nach den Prinzipien der Charta nachhaltig erschüttert.

Am Veto der Sowjetunion scheiterte eine Resolution des Sicherheitsrates, mit der die **Invasion der Tschechoslowakei** durch die Truppen des Warschauer Pakts im August 1968 verurteilt werden sollte. 1970 blockierten die USA mit ihrem ersten Veto in der UNO-Geschichte eine Entscheidung des Sicherheitsrates zur Anwendung von militärischer Gewalt gegen das weiße Minderheitenregime im damaligen Rhodesien (seit 1981 Zimbabwe). Nachdem 1971 die **Volksrepublik China** den Platz Taiwans im Sicherheitsrat eingenommen hatte, wurde das oberste UNO-Gremium mehrfach durch Gegensätze zwischen Moskau und Peking blockiert. Zum Beispiel im indisch-pakistanischen Krieg von 1971, als China Pakistan und die Sowjetunion Indien unterstützte. Bis auf einige Finanzierungsfragen völlig unumstritten sind die «Peacekeeping»-Truppen, die der Sicherheitsrat 1964 auf Zypern stationierte. Ihr Mandat wurde seitdem alle sechs Monate im Konsens verlängert. Dasselbe gilt für mehrere «Peacekeeping»-Missionen, die seit dem Jom-Kippur-Krieg 1973 im Nahen Osten durchgeführt wurden. Am Veto Moskaus scheiterten 1979 Resolutionen des Rates zur Verurteilung der Invasionen der Sowjetunion in Afghanistan und Vietnams in Kambodscha.

Auf Basis einstimmiger Entscheidungen des Sicherheitsrates konnten neun bzw. zwölf Jahre später sowohl der Abzug der Sowjets wie das Ende des kambodschanischen Bürgerkrieges ausgehandelt werden. Möglich wurden diese Vermittlungserfolge durch den **Amtsantritt Michail Gorbatschows** in der Sowjetunion 1985. Schon bald danach kam es zu einer deutlichen Auflockerung der beiden Lagerblöcke in der UNO. Der Sicherheitsrat gewann wieder erheblich an Bedeutung. Das zeigt schon allein die Zahl der vom Rat verabschiedeten Resolutionen: In den 42 Jahren zwischen Juli 1945 und August 1987 waren es 600, seitdem bis Ende Oktober 1994 bereits 350. Die Vermittlungserfolge von UNO-Generalsekretär Perez de Cuellar (1981–1991) in einer Reihe von Konflikten (Afghanistan, Kambodscha, Iran / Irak, Namibia, El Salvador) und der endgültige Zusammenbruch der Ost-West-Konfrontation weckten Anfang dieses Jahrzehnts große Hoffnungen: Jetzt werde die UNO endlich die ihr in der Charta zugewiesene Rolle spielen bei der friedlichen Konfliktregelung, der wirtschaftlichen und sozialen Entwicklung vieler ihrer Mitgliedsstaaten sowie bei der Bewältigung globaler Probleme.

Fünf Jahre später sind diese Hoffnungen verflogen. Inzwischen befindet sich die UNO in der schwersten politischen, materiellen und organisatorischen Krise ihrer 50jährigen Geschichte.

**Fazit**

Mit dem Völkerbund konnte sich die internationale Staatenwelt Anfang des 20. Jahrhunderts erstmals auf eine globale kollektive Institution und auf einen gemeinsamen Rechtskatalog verständigen. Initiiert von den Siegern des Ersten Weltkriegs, scheiterte der Völkerbund jedoch schließlich an den nationalistischen Machtinteressen Deutschlands und anderer europäischer Hauptmächte. Den Zweiten Weltkrieg konnte er nicht verhindern. Die 1945 begründete Nachfolgeinstitution «Vereinte Nationen» war wesentlich von den Interessen der Siegerkoalition des Zweiten Weltkriegs geprägt. Doch angesichts des schnellen Zerfalls dieser Koalition und unter den Bedingungen der globalen Ost-West-Konfrontation blieb die Handlungsfähigkeit der UNO sehr beschränkt. Zwar wurden die Debatten und Resolutionen der UNO in den sechziger und siebziger Jahren wesentlich von den Anliegen der Mitgliedsstaaten aus Afrika, Asien und Lateinamerika geprägt. Doch die Erwartungen dieser Länder auf den Abbau des globalen Nord-Süd-Gefälles wurden enttäuscht. Inzwischen befinden sich die Vereinten Nationen in der schwersten Krise ihrer 50jährigen Geschichte.

# *Die* UNO existiert nicht



Nie zuvor in ihrer Geschichte wurde *die UNO* in den Medien so häufig erwähnt wie seit 1991. In den Köpfen der meisten Medienkonsumenten hat sich zwangsläufig der Eindruck festgesetzt, *die UNO* als eigenständig handelndes Subjekt existiere tatsächlich. Und da in den Berichten und Kommentaren über *die UNO* ganz überwiegend die Rede ist von Problemen, Fehlern und Versagen, hat sich der Ruf der Weltorganisation immer mehr verschlechtert. Auf diese Weise wird die Idee kollektiver Institutionen zur möglichst gewaltfreien Bearbeitung und Lösung zwischenstaatlicher Konflikte und globaler Probleme zunehmend diskreditiert und verliert an politischer Unterstützung.

Tatsächlich existiert *die UNO* als eigenständiges Subjekt nicht. Ihr Handeln wird durch die – oft völlig gegensätzlichen – Interessen von inzwischen 184 Mitgliedsstaaten bestimmt, vor allem einiger weniger mit besonders großem politischem, wirtschaftlichem und militärischem Gewicht. Die täglichen Nachrichten verschleiern diese Zusammenhänge. Es waren die USA unter Präsident Clinton, die im Sommer 1993 im Sicherheitsrat ihre Vorstellungen einer Somalia-Operation durchsetzten – gegen die Vorschläge von Generalsekretär Boutros-Ghali und seiner Somaliaexperten – und damit die Politik der UNO in dem afrikanischen Land festlegten. Für die Politik der UNO und das Verhalten ihrer Truppen in Bosnien sind – neben Rußland – die drei ständigen Sicherheitsratsmitglieder USA, Großbritannien und Frankreich hauptverantwortlich. Diese drei Staaten bestimmen auch wesentlich die Bosnien-Politik der NATO. Großbritannien und Frankreich stellen zudem seit Anfang 1993 die Kommandeure der UNO-Truppen in Bosnien. Diese Kommandeure sind verantwortlich für die Anforderung von Luftangriffen durch die NATO.

## Das komplexe, weltweite System der Vereinten Nationen

Kern der heutigen UNO war die «Organisation der Vereinten Nationen» (United Nations Organization, UNO), die am 26.Juni 1945 in San Francisco von 50 Staaten durch Verabschiedung der «Charta der Vereinten Nationen» gegründet wurde. Zum Vergleich: 53 Mitglieder hat inzwischen bereits allein die Organisation für Sicherheit und Zusammenarbeit in Europa (OSZE). Im Oktober 1994 gehörten der UNO 184 Staaten an. Dazu kommen die Schweiz, der Vatikan und Palästina (bzw. die Palästinensische Befreiungsfront PLO) als ständige Beobachter ohne Stimmrecht in der Generalversammlung.

Neben den Mitgliedsstaaten gehören heute über 30 Sonder- und Spezialorganisationen zur UNO. Außerdem werden in der politischen Alltagssprache oftmals zwischenstaatliche und internationale Institutionen zur UNO gezählt, die tatsächlich formal völlig unabhängig von ihr entstanden sind und existieren. Die ganze Komplexität wird deutlicher in dem Begriff **«UNO-System»**, der sich in offiziellen Dokumenten der Vereinten Nationen und in der Fachliteratur weitgehend durchgesetzt hat.

Entgegen der ursprünglichen Gründungsabsicht ist das UNO-System heute längst nicht mehr an einem Ort konzentriert, sondern über die ganze Welt verstreut. Hauptsitz ist **New York**. In einem 42stöckigen Hochhaus am Hudson-

River befindet sich das Sekretariat mit dem Generalsekretär an der Spitze. In New York tagen die beiden wichtigsten Organe der UNO, die Generalversammlung und der Sicherheitsrat. Außerdem residieren in New York einige der Spezial- und Sonderorganisationen. Die meisten dieser Organisationen, in denen ein Großteil der alltäglichen Arbeit stattfindet, haben ihre Zentrale allerdings in **Genf**, dem «Europäischen Hauptquartier» der UNO. Ein dritter, kleinerer UNO-Sitz ist in **Wien**. Zentralen von Spezial- und Sonderorganisationen befinden sich derzeit auch in Rom, Paris, Bern, London, Washington, Montreal und Nairobi. Diese Organisationen unterhalten wiederum zahlreiche Regional- oder Länderbüros. Auch die UNO ist in vielen Hauptstädten mit Verbindungsbüros zu den nationalen Regierungen sowie zu Nicht-Regierungsorganisationen (NRO) vertreten.

## Die Generalversammlung – das demokratischste und repräsentativste Organ

Die Generalversammlung (im Deutschen oft auch als «Vollversammlung» bezeichnet) ist laut Charta das zentrale politische Gremium der UNO. In der Generalversammlung sind alle Mitgliedsstaaten mit Sitz und Stimme und ohne Rangunterschiede vertreten; das heißt, jeder Staat hat *eine* Stimme, unabhängig von Größe, Einwohnerzahl oder politischer Macht. Nach der Generalklausel des Artikels 10 der Charta ist die Versammlung als einziges der sechs Hauptorgane der Vereinten Nationen umfassend zuständig für die «Erörterung aller Fragen und Angelegenheiten (...), die in den Rahmen dieser Charta fallen oder Befugnisse und Aufgaben eines in dieser Charta vorgesehenen Organs betreffen». Die **weiteren fünf Hauptorgane** der UNO sind laut Charta: 1. der Sicherheitsrat, 2. der Generalsekretär, 3. der Wirtschafts- und

## Das System der Vereinten Nationen

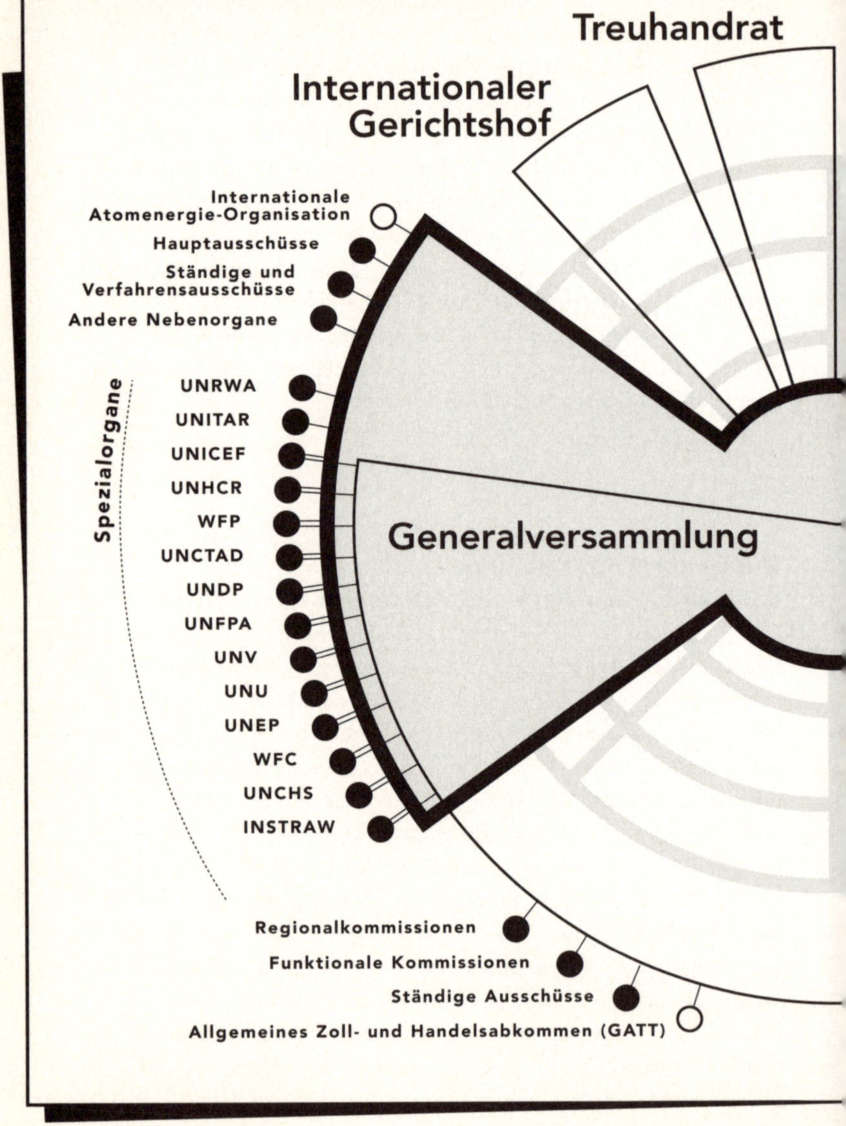

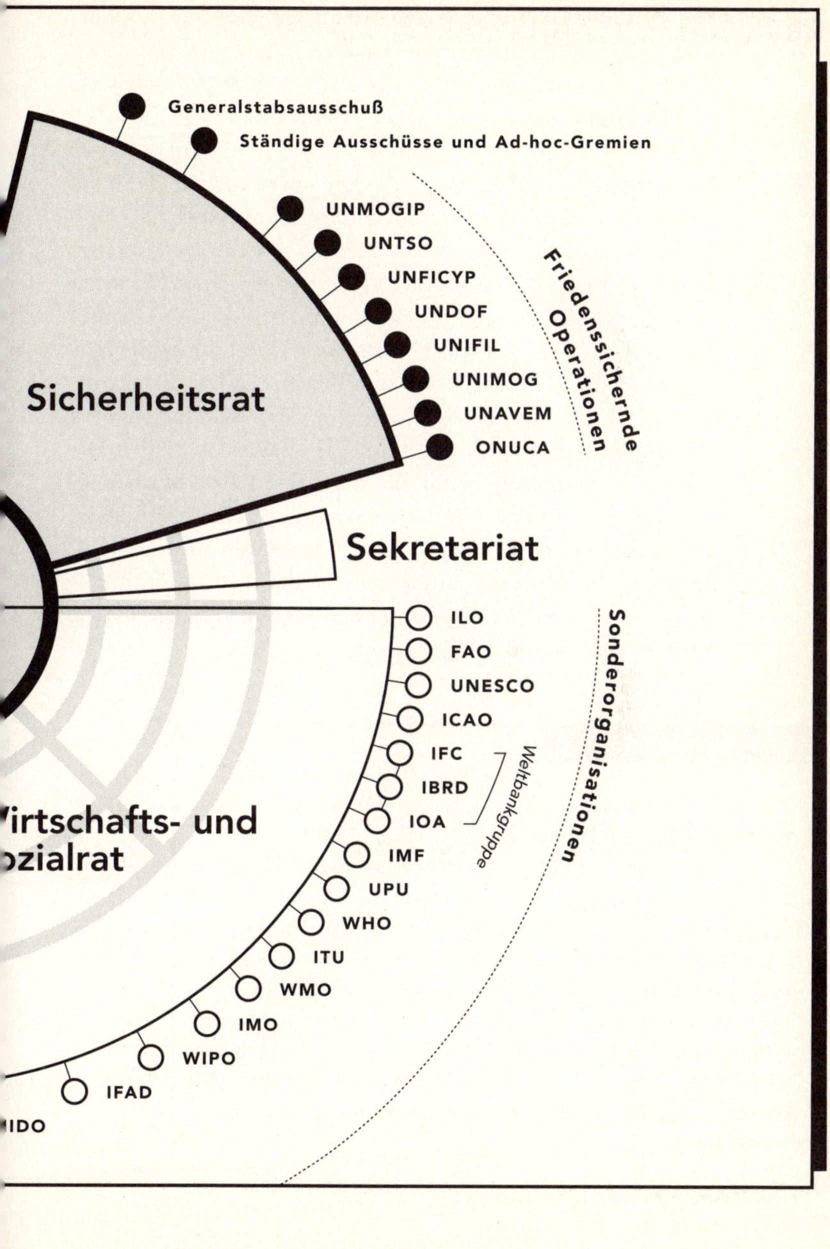

Generalstabsausschuß
Ständige Ausschüsse und Ad-hoc-Gremien
UNMOGIP
UNTSO
UNFICYP
UNDOF
UNIFIL
UNIMOG
UNAVEM
ONUCA
Friedenssichernde Operationen
Sicherheitsrat
Sekretariat
ILO
FAO
UNESCO
ICAO
IFC
IBRD
IOA
Weltbankgruppe
IMF
UPU
WHO
ITU
WMO
IMO
WIPO
IFAD
IDO
Sonderorganisationen
irtschafts- und
ozialrat

Sozialrat (ECOSOC) mit den ihm angegliederten Sonder- und Spezialorganisationen sowie Fachkommissionen, 4. der Internationale Gerichtshof und 5. der ursprünglich mit Entkolonisierungsfragen befaßte Treuhandrat.

Die ordentliche Tagung der Generalversammlung findet jährlich zwischen dem dritten Dienstag im September und Weihnachten statt und umfaßt etwa 65 Arbeitstage. Darüber hinaus kann die Versammlung auf Verlangen einer Mehrheit ihrer Mitglieder oder des Sicherheitsrates vom UNO-Generalsekretär einberufen werden. Sie kontrolliert die 14 Spezialorganisationen der UNO wie zum Beispiel das Hochkommissariat für Flüchtlinge (UNHCR), das Kinderhilfswerk (UNICEF) oder das Entwicklungsprogramm (UNDP). Die Generalversammlung wählt alle fünf Jahre den UNO-Generalsekretär und bestimmt die zehn nichtständigen Mitglieder des Sicherheitsrates, die im Ein- oder Zweijahresrhythmus rotieren. Die Versammlung verabschiedet den jeweils für 24 Monate entworfenen regulären Haushalt der UNO sowie das Budget für Peacekeeping-Operationen. Außerdem legt sie

## 351 Resolutionen

Das Arbeitspensum der Generalversammlung ist enorm. Bereits auf der Jubiläumssitzung im 40. Gründungsjahr der UNO 1985 wurden 148 Tagesordnungspunkte behandelt und 351 Resolutionen verabschiedet. Dieser Rekord dürfte bei der Sitzung im 50. Gründungsjahr mit Sicherheit überboten werden. Alle Bemühungen, die Arbeit der Versammlung zu straffen und auf einige wesentliche Fragen zu konzentrieren, sind bislang gescheitert. Sie kollidieren mit dem Anspruch vieler im UNO-System ansonsten weitgehend einflußlosen Staaten, wenigstens in diesem demokratischsten und repräsentativsten aller Organe ihre Haltung zu Protokoll zu geben.

die prozentualen Anteile der Mitgliedsstaaten an den Pflichtbeiträgen für den regulären UNO-Haushalt und für das Peacekeeping-Budget fest.



Die Generalversammlung kann sich mit sämtlichen Fragen befassen, die im UNO-System anfallen. Einzige Einschränkung: In Konflikten, in denen bereits der Sicherheitsrat aktiv geworden ist, darf die Generalversammlung keine Empfehlung abgeben (Artikel 12 der Charta). Es sei denn, der Sicherheitsrat ersucht die Generalversammlung ausdrücklich darum, sich mit dieser Angelegenheit zu befassen. Diese Regel wurde 1950 allerdings einmal durchbrochen. Als der Sicherheitsrat in der Korea-Frage wegen gegensätzlicher Positionen der Großmächte USA und Sowjetunion praktisch handlungsfähig war, autorisierte die Generalversammlung die UNO-Mitglieder zu einer kollektiven Militäraktion auf der koreanischen Halbinsel.

Die Generalversammlung kann Unterorgane einsetzen in Form von einmaligen oder ständigen Konferenzen und Kommissionen und diese mit Mandaten zu formalen Verhandlungen ausstatten. Zu den wichtigsten der regelmäßig tagenden Unterorgane gehören seit vielen Jahren die **Menschenrechtskommission** mit 53 Mitgliedern und die **Abrüstungskonferenz der UNO** (Conference on Disarmament, CD) mit 40 Mitgliedern. Beide Unterorgane tagen in Genf.

Die Generalversammlung kann UNO-Konferenzen zu allen von ihr bestimmten Themen veranstalten. Jüngste Beispiele: die UNO-Konferenz über Umwelt und Entwicklung (UNCED) im Juni 1992 in Rio de Janeiro; die UNO-Menschenrechtskonferenz im Mai 1993 in Wien; die UNO-Bevölkerungskonferenz im September 1994 in Kairo; oder der «Sozialgipfel» der UNO im März 1995 in Kopenhagen. Diese **Themenkonferenzen** können Vorschläge für die Generalversammlung entwickeln, aber auch selber völkerrechtlich verbindliche Vereinbarungen treffen. Beispiele: Auf Vorschlag der Wiener Menschenrechtskonferenz richtete die Generalversammlung 1993 das Amt eines UNO-Hochkommissars für Menschenrechtsfragen ein. Beim UNCED-Gipfel in Rio de Janeiro unterzeichneten 160 Staats- und Regierungschefs drei Umweltkonventionen zum Schutz des Klimas, der Wälder und der biologischen Artenvielfalt. Nach der Ratifizierung durch die nationalen Parlamente ist die Einhaltung von Konventionen für die Unterzeichnerstaaten verbindlich. Zu den wichtigsten internationalen Verträgen gehören die Genfer Konventionen zum humanitären Völkerrecht, die Konventionen zur Abschaffung der Sklaverei, zum Verbot von Folter oder zum Schutz der Kinder.

## Geringe UNO-Kompetenz in Rüstungsfragen

Auf keinem anderen Gebiet ist die Bereitschaft der Mitgliedsstaaten, nationale Souveränitätsrechte aufzugeben und der UNO echte Kompetenzen zu übertragen, bislang so gering entwickelt wie bei der Rüstungskontrolle und Abrüstung. Die bereits 1952 als ständiges Unterorgan der Generalversammlung etablierte Abrüstungskonferenz darf zwar über alle rüstungsrelevanten Fragen unverbindlich debattieren. Ein formales Mandat erhielt die Konferenz in 43 Jahren jedoch nur zweimal: zur Aushandlung der 1992 fertiggestellten Konvention zum Chemiewaffenverbot sowie 1994 zur Verhandlung eines umfassenden atomaren Teststopp-Vertrages. Bei den konventionellen Waffen konnten sich die Mitgliedsstaaten bisher lediglich auf eine jährliche freiwillige Meldung ihrer Exporte und Importe an die UNO verständigen. In den beiden Jahren seit Einrichtung des UNO-Waffenregisters 1992 übermittelte allerdings nur jeweils die Hälfte der 184 Mitglieder Informationen über ihre konventionellen Waffentransaktionen.

Die Verabschiedung einer solchen Konvention bedeutet natürlich in der Regel noch keine Beseitigung des Problems oder auch nur eine Verbesserung. So hat nach Beobachtungen von amnesty international und anderer Menschenrechtsorganisationen in den letzten Jahren die Zahl der Staaten, in denen gefoltert wird, ebenso wie die Zahl der Folteropfer wieder zugenommen. Ähnliches gilt für die 1989 verabschiedete Konvention zum Schutz der Kinder. Diese Konvention verbietet neben sexueller Ausbeutung von Kindern und dem Militärdienst von unter 15jährigen auch die Arbeit von Kindern unter 14 Jahren.

In regelmäßigen Abständen kommen die Staaten, die eine Konvention unterzeichnet haben, zu **Überprüfungs- oder Nachfolgekonferenzen** zusammen, auf denen Berichte über die Einhaltung der Konvention diskutiert werden. Auf diesen Konferenzen können die Konventionen auch durch Zusatzprotokolle ergänzt oder verschärft werden, falls die aktuelle Entwicklung dies erfordert. Um in Kraft zu treten, bedürfen die Zusatzprotokolle dann erneut der Ratifizierung durch die nationalen Parlamente der Unterzeichnerstaaten. So hätte auf der ersten Nachfolgekonferenz zum UNCED-Gipfel von Rio im März / April 1995 in Berlin theoretisch die Möglichkeit bestanden, die Klimaschutzkonvention durch strengere Bestimmungen zur Verringerung des Kohlendioxid-Ausstoßes in die Atmosphäre zu verschärfen. Das ist eine der gemeinsamen Hauptforderungen von Umweltschutzorganisationen aus aller Welt. Doch gab es bei den Industriestaaten des Nordens, die für 80 % der weltweiten Kohlendioxid-Emissionen verantwortlich sind, sowie bei den meisten erdölproduzierenden Ländern keine Bereitschaft zur Verschärfung der Konvention.

Zur Überwachung der Einhaltung menschenrechtsrelevanter Konventionen wurden die ständige **Menschenrechtskommission** der UNO und das UNO-Menschenrechtszentrum

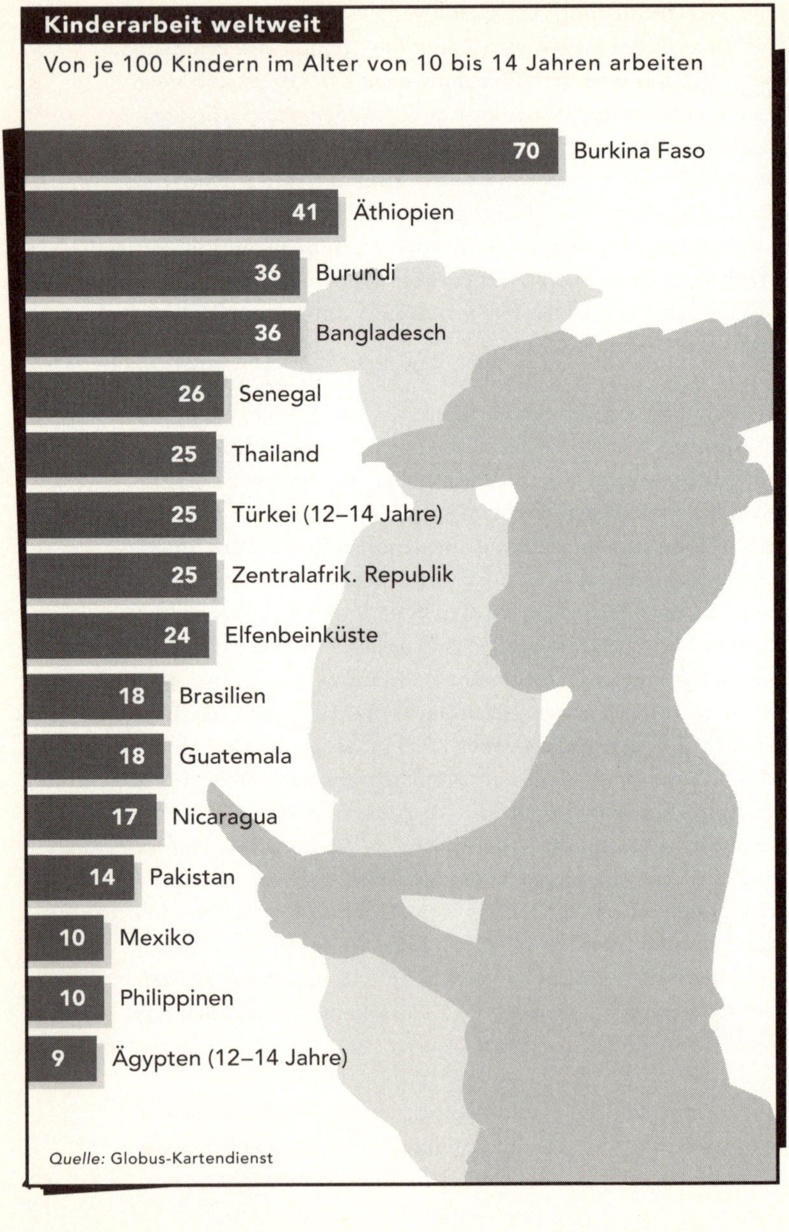
Kinderarbeit weltweit
Von je 100 Kindern im Alter von 10 bis 14 Jahren arbeiten
70 Burkina Faso
41 Äthiopien
36 Burundi
36 Bangladesch
26 Senegal
25 Thailand
25 Türkei (12–14 Jahre)
25 Zentralafrik. Republik
24 Elfenbeinküste
18 Brasilien
18 Guatemala
17 Nicaragua
14 Pakistan
10 Mexiko
10 Philippinen
9 Ägypten (12–14 Jahre)
Quelle: Globus-Kartendienst

in Genf etabliert. Diesen Institutionen fehlt es allerdings an den personellen und materiellen Mitteln, um den zahlreichen Beschwerden über bereits eingetretene Menschenrechtsverletzungen, die täglich in Genf eintreffen, nachzugehen. Weniger als 1 % des regulären UNO-Haushalts steht für Menschenrechtsarbeit zur Verfügung. Unter diesen Bedingungen sind Kommission und Zentrum überhaupt nicht in der Lage, etwa durch rechtzeitige Entsendung einer ausreichenden Zahl geschulter Beobachter in einer Krisensituation präventiv zu wirken – das heißt zur Verhinderung von Menschenrechtsverletzungen beizutragen. Das zeigte sich zuletzt 1994 in Ruanda besonders deutlich. Pläne, nach Bekanntwerden der ersten Massaker 140 Beobachter in den ostafrikanischen Staat zu schicken, konnten aus finanziellen Gründen nicht realisiert werden. Die dringende Bitte an die Mitgliedsstaaten, die benötigten Gelder – rund 5 Millionen US-Dollar – schnell und unbürokratisch zur Verfügung zu stellen, stieß kaum auf Resonanz.

Die Konventionen bilden gemeinsam mit der UNO-Charta das **Völkerrecht**. Teil des Völkerrechts sind auch diejenigen internationalen Abkommen, die zwar von vielen UNO-Mitgliedsstaaten unterzeichnet und ratifiziert, aber nicht im UNO-Rahmen ausgehandelt wurden. Eines der wichtigsten Beispiele dieser Kategorie ist der Vertrag über die Nichtweiterverbreitung atomarer Waffen und Technologie (Non Proliferation Treaty, NPT). Das im Deutschen oft auch als «**Atomwaffensperrvertrag**» bezeichnete Abkommen wurde 1968 auf Initiative der fünf offiziell anerkannten Atomwaffenstaaten (USA, Sowjetunion, China, Frankreich, Großbritannien) ausgehandelt und ist seit 1970 in Kraft. Seitdem sind 168 Staaten dem Abkommen beigetreten.

## Der Sicherheitsrat – das wichtigste Entscheidungsgremium

Der UNO-Sicherheitsrat, der im Deutschen oft auch als «Weltsicherheitsrat» bezeichnet wird, hat sich zum wichtigsten Entscheidungsorgan der UNO entwickelt. Neben den fünf ständigen Mitgliedern USA, Rußland (bis 1991 Sowjetunion), Frankreich, Großbritannien und Volksrepublik China (bis 1951 Taiwan) mit Vetorecht gehören ihm jeweils zehn von der Vollversammlung für ein oder zwei Jahre gewählte Staaten an. Um sicherzustellen, daß alle Weltregionen im Rat vertreten sind, gilt für die Wahl der nichtständigen Mitglieder ein regionaler Schlüssel.

Der Sicherheitsrat kann jederzeit einberufen werden. Seine Resolutionen sind bindend. Resolutionen gelten als verabschiedet, wenn mindestens neun der 15 Mitglieder zustimmen und gleichzeitig keines der fünf ständigen Mitglieder mit Vetorecht eine Nein-Stimme abgibt. In zwei Fällen wird das Vetorecht der ständigen Mitglieder eingeschränkt: bei Resolutionen über die friedliche Beilegung von Streitigkeiten (nach Kapitel VI der Charta) muß ein Mitglied des Rates – ob nichtständig oder ständig – das an diesen Streitigkeiten beteiligt ist, sich enthalten (Artikel 27). Dasselbe gilt bei Empfehlungen des Sicherheitsrates zur friedlichen Beilegung von Streitigkeiten durch regionale Institutionen. Beispiel: eine Empfehlung des Rates an die Organisation für Sicherheit und Zusammenarbeit in Europa (OSZE), die Streitigkeiten zwischen Griechenland und der Türkei zu schlichten, könnten die fünf ständigen Ratsmitglieder nicht durch ein Veto verhindern. Die Stimmenthaltung eines ständigen Mitglieds ebenso wie seine Abwesenheit von einer Sitzung gilt nicht als Veto. Welche rechtlichen Folgen eine Abwesenheit hat, ist allerdings nicht genau geklärt. Es gab bisher einen Präzedenzfall: Anfang 1950 boykottierte die Sowjetunion den Sicherheitsrat aus Protest gegen den ständigen Sitz Taiwans.

Moskau forderte, Taiwan solle seinen Sitz der Volksrepublik China überlassen.

In Krisen- oder Konfliktfällen kann der Sicherheitsrat als einziges Organ der UNO feststellen, ob gemäß Kapitel VII, Artikel 39 der Charta eine «Bedrohung des Friedens», ein «Bruch des Friedens» oder eine «Angriffshandlung» vorliegt. Nach einer solchen Feststellung kann der Sicherheitsrat dann wirtschaftliche und militärische Zwangsmaßnahmen beschließen (siehe Kasten S. 48).

Der **UNO-Generalsekretär** ist der höchste Repräsentant der UNO. Er wird auf fünf Jahre von der Generalversammlung gewählt. Es besteht die Möglichkeit der Wiederwahl für eine zweite fünfjährige Amtsperiode. Der Wahl durch die Generalversammlung muß jedoch eine Empfehlung des Sicherheitsrates vorausgehen. Damit hat praktisch jedes ständige Mitglied des Rates auch das Vetorecht gegen Kandidaten für das Amt des Generalsekretärs. Für die Auswahl sind in der UNO-Charta zwar keine verbindlichen Kriterien festgelegt. Doch wurde bisher darauf geachtet, daß alle Weltregionen vertreten sind. Die bisherigen sechs Generalsekretäre waren ausschließlich Männer: der Norweger Trygve Lie (1945–53), der Schwede Dag Hammerskjöld (–61), der Burmese U-Thant (–71), der Österreicher Kurt Waldheim (–81), der Peruaner Javier Perez de Cuellar (–91) und der Ägypter Boutros Boutros-Ghali (seit Januar 1992). Allerdings bestimmten auch bei den bisherigen Generalsekretären aus Afrika, Asien und Lateinamerika immer die Industriestaaten des Nordens, welcher Kandidat aus den Subkontinenten schließlich zum Zuge kam. Für die seit 1992 laufende Amtsperiode hatten die 56 Staaten Afrikas zunächst drei schwarzafrikanische Kandidaten (aus Zimbabwe, Ghana und Tansania) aufgestellt. Sie wurden sämtlich von den USA und anderen Staaten des Nordens abgelehnt. Erst dann kam Boutros-Ghali als dem Westen genehmer Kompromißkandidat zum Zuge. Dabei spielte nicht zuletzt eine Rolle, daß

## Zwangsmaßnahmen des Sicherheitsrates

Kapitel VII der Charta, Artikel 39–42

**Art. 39:** Der Sicherheitsrat stellt fest, ob eine Bedrohung oder ein Bruch des Friedens oder eine Angriffshandlung vorliegt; er gibt Empfehlungen ab oder beschließt, welche Maßnahmen auf Grund der Artikel 41 und 42 zu treffen sind, um den Weltfrieden und die internationale Sicherheit zu wahren oder wiederherzustellen.

**Art. 40:** Um einer Verschärfung der Lage vorzubeugen, kann der Sicherheitsrat, bevor er nach Artikel 39 Empfehlungen abgibt oder Maßnahmen beschließt, die beteiligten Parteien auffordern, den von ihm für notwendig oder erwünscht erachteten vorläufigen Maßnahmen Folge zu leisten. (...)

**Art. 41:** Der Sicherheitsrat kann beschließen, welche Maßnahmen – unter Ausschluß von Waffengewalt – zu ergreifen sind, um seinen Beschlüssen Wirksamkeit zu verleihen. Er kann die Mitglieder der Vereinten Nationen auffordern, diese Maßnahmen durchzuführen. Sie können die vollständige oder teilweise Unterbrechung der Wirtschaftsbeziehungen, des Eisenbahn-, See- und Luftverkehrs, der Post-, Telegraphen- und Funkverbindungen sowie sonstiger Verkehrsmöglichkeiten und den Abbruch der diplomatischen Beziehungen einschließen.

**Art. 42:** Ist der Sicherheitsrat der Auffassung, daß die in Artikel 41 vorgesehenen Maßnahmen unzulänglich sein würden oder sich als unzulänglich erwiesen haben, so kann er mit Luft-, See- oder Landstreitkräften die zur Wahrung oder Wiederherstellung des Weltfriedens und der internationalen Sicherheit erforderlichen Maßnahmen durchführen. Sie können Demonstrationen, Blokkaden und sonstige Einsätze der Luft-, See- oder Landstreitkräfte von Mitgliedern der Vereinten Nationen einschließen.

der vormalige Außenminister Ägyptens Christ und kein Muslim ist.

Der Generalsekretär führt die Geschäfte der UNO. Zu allen Themen kann er den Sicherheitsrat und die Generalversammlung um Beratung und Beschlußfassung ersuchen. Dem Generalsekretär untersteht das Sekretariat der UNO am New Yorker Hauptsitz. Nach einer von Boutros-Ghali in den letzten zwei Jahren durchgesetzten Strukturreform besteht das Sekretariat aus drei Hauptabteilungen, denen jeweils ein Unter-Generalsekretär (UGS) vorsteht: der politischen Abteilung (UGS im Herbst 1994: Marak Goulding), der Abteilung für friedenserhaltende Maßnahmen (Peacekeeping; UGS: Kofi Annan) sowie der Abteilung für humanitäre Angelegenheiten (UGS: Peter Hansen). Die politische Abteilung ist zuständig für die ständige Beobachtung der Lage in sämtlichen UNO-Mitgliedsstaaten. Zumindest theoretisch soll diese Abteilung sich anbahnende Probleme und Konflikte in einem Land oder in einer Region frühzeitig erkennen und vorbeugende (präventive) Maßnahmen empfehlen. Die Abteilung für humanitäre Angelegenheiten soll die Aktionen der UNO auf diesem Gebiet koordinieren, daß heißt auch die Zusammenarbeit der humanitären UNO-Spezialorganisationen (UNHCR, UNICEF, UNDP etc.). Die «Peacekeeping»-Abteilung ist zuständig für die Planung und Durchführung aller Operationen, bei denen die UNO unter ihrem Kommando Soldaten einsetzt.

Für die Umsetzung der wirtschaftlichen und sozialen Ziele der UNO ist laut Charta der **Wirtschafts- und Sozialrat** (ECOSOC) hauptverantwortlich. Dem ECOSOC gehören 54 von der Generalversammlung nach dem Regionalprinzip gewählte Mitgliedsstaaten an. Er koordiniert die Arbeit der UNO im Wirtschafts- und Sozialbereich. Die in diesem Bereich tätigen Sonderorganisationen sind dem ECOSOC zugeordnet (z. B. Internationale Arbeitsorganisation, ILO, Weltgesundheitsorganisation, WHO, oder die UNO-Organisation für Erziehung, Wissenschaft und Kultur, UNESCO). Der ECOSOC arbeitet Studien und Berichte aus und formuliert Empfehlungen an die Mitgliedsstaaten zu Themen der Weltwirtschaft, des Sozialwesens, der Kultur und des Gesundheits- und Erziehungswesens. Ihm unterstehen außerdem die ständigen UNO-Fachkommissionen für Menschenrechte, Bevölkerung, Rolle und Rechte der Frau und für Drogenfragen. Wichtigste Fachkommission ist die für Menschenrechte mit Sitz in Genf mit 53 nach dem Regionalprinzip entsandten Staaten.

Die **Menschenrechtskommission** tagt von Januar bis März in Genf im Plenum sowie über das Jahr in thematischen Unterausschüssen (z. B. zu Rassismus, Folter oder zu den Rechten eingeborener Völker). Vor diese Kommission können Klagen über Menschenrechtsverletzungen gebracht werden – durch Regierungen, Nicht-Regierungsorganisationen (NRO) oder durch Einzelpersonen. Die Kommission geht den Klagen nach, kann Sonderberichterstatter für einzelne Länder ernen-

**Das Regionalprinzip der UNO**

Lediglich in der Generalversammlung und in ihren Ausschüssen sind alle 184 Mitgliedsstaaten der UNO mit Sitz und Stimme vertreten. In allen anderen Komitees, ständigen Konferenzen oder Kommissionen sind aus Gründen der Arbeitsfähigkeit und der Kosten weit weniger Staaten vertreten – zumeist zwischen 25 und 50. Bei der Etablierung dieser Gremien stellt die Generalversammlung sicher, daß alle Kontinente durch Staaten vertreten sind. Allerdings geschieht die Verteilung der Sitze nicht proportional. In sämtlichen Gremien ist die sogenannte westliche Gruppe (bislang bestehend aus den USA, Kanada, den zwölf EU-Staaten, Japan, Australien und Neuseeland) und auch die der osteuropäischen Länder überrepräsentiert im Vergleich zur Gruppe der 124 Staaten Afrikas, Asiens und Lateinamerikas.

nen und Verurteilungen wegen Menschenrechtsverletzungen aussprechen. Einer der zahlreichen Sonderberichterstatter ist derzeit der polnische Ex-Premierminister Tadeusz Mazowiecki. Seit September 1992 untersucht Mazowiecki die Menschenrechtslage im ehemaligen Jugoslawien; bis Ende 1994 legte er zehn Berichte vor. Das ebenfalls in Genf residierende UNO-Menschenrechtszentrum arbeitet der Kommission zu.

Dem Wirtschafts- und Sozialrat unterstehen außerdem fünf **regionale Wirtschaftskommissionen** (economic commissions) für Europa (ECE in Genf), Afrika (ECA, Addis Abeba), Lateinamerika und die Karibik (ECLAC, Santiago de Chile), Ostasien (ESCWA, Amman) sowie Asien und Pazifik (ESCAP, Bangkok). Die Wirtschaftskommission für Europa hat in den fünf Jahren seit dem Fall der Berliner Mauer zahlreiche, bis 1989 nicht mögliche Untersuchungen über die wirtschaftliche und soziale Situation in den osteuropäischen Staaten durchgeführt und Empfehlungen für Verbesserungen vorgelegt.

An der Arbeit der UNO interessierte **Nicht-Regierungsorganisationen** (NRO, siehe S. 117 ff) können durch Akkreditierung beim ECOSOC Beobachter- oder Beraterstatus erhalten. Mit diesem Status können NRO bei Konferenzen und Tagungen als Beobachter teilnehmen, solange von den teilnehmenden Regierungen keine Geheimhaltung vereinbart wird. In manchen Fällen (z. B. bei der Menschenrechtskommission) können NRO auch mitdiskutieren und eigene Anträge einbringen. Abstimmen dürfen sie allerdings nicht.

Zusammen mit der Charta für die Vereinten Nationen verabschiedeten die 50 Gründungsstaaten im Juni 1945 das Statut für den **Internationalen Gerichtshof**. Der Gerichtshof mit Sitz in Den Haag «besteht aus 15 Richtern, von denen nicht mehr als einer Angehöriger desselben Staats sein darf» (Statut, Artikel 3). Die Richter werden jeweils auf neun Jahre von der Generalversammlung und dem Sicherheitsrat nach einem eigens festgelegten Regionalverfahren gewählt. Entscheidungsgrundlage für den Gerichtshof ist das Völkerrecht. Er klärt strittige Fragen zwischen UNO-Mitgliedern und befindet über den Bruch internationaler Verpflichtungen durch einzelne Staaten. Vor dem Gerichtshof können lediglich Regierungen als Vertreter souveräner Staaten gegen andere Regierungen klagen. Organisationen oder Einzelpersonen sind nicht klageberechtigt. Weigert sich ein beklagter Staat, die Entscheidung des Gerichtshofs zu akzeptieren, kann der Kläger an den Sicherheitsrat appellieren, Sanktionen zu beschließen. Bisher haben jedoch nur 49 der 184 UNO-Mitglieder die Rechtsprechung des Internationalen Gerichtshofes anerkannt (die Bundesrepublik Deutschland ist nicht darunter). Selbst in Streitfällen, in denen die beteiligten Staaten den Gerichtshof grundsätzlich anerkannt hatten, wurde häufig eine Annahme des Urteils verweigert. Zum Beispiel verurteilte der Gerichtshof 1989 die mit aktiver Unterstützung des US-Geheimdienstes CIA erfolgte Verminung nicaraguanischer Häfen als Verletzung des Völkerrechts durch die USA. Die Regierung in Washington weigerte sich jedoch, das Urteil anzuerkennen.

Der **Treuhandschaftsrat** wurde 1945 eingerichtet mit Blick auf die als «Treuhandgebiete» bezeichneten zahlreichen Kolonien, die Frankreich, Großbritannien, Portugal und andere europäische Staaten damals noch in Afrika, Asien und Lateinamerika besaßen. Laut Artikel 87 der UNO-Charta sollte der Rat gemeinsam mit der Generalversammlung und unter deren Verantwortung die Aufsicht über die Treuhandgebiete führen bis zu ihrer Unabhängigkeit. Mitglieder des Rates waren laut Charta alle UNO-Staaten, die noch Kolonialbesitz hatten, sowie diejenigen ständigen Mitglieder des Sicherheitsrates, die selber keine «Treuhandgebiete» verwalteten. Tatsächlich spielte der Treuhandschaftsrat während der Entkolonisierung jedoch nicht die ihm zugedachte Rolle. Denn Frankreich und vor allem Großbritannien lehnten eine Übertragung der Treuhandbestimmungen auf ihre Kolonien und

Mandatsgebiete ab. Damit verhinderten sie eine internationale Kontrolle ihrer Kolonialherrschaft, die sie als «innere Angelegenheit» betrachteten. Heute besteht der Treuhandschaftsrat lediglich noch aus den USA, die nach wie vor die Pazifischen Inseln als Treuhandgebiet verwalten, sowie den anderen vier ständigen Mitgliedern des Sicherheitsrates Rußland, China, Frankreich und Großbritannien. Neben dem Treuhandgebiet Pazifische Inseln existieren derzeit noch 17 Gebiete ohne volle Selbstregierung. Dazu gehören die von Spanien kontrollierte Westsahara, die Inseln Bermuda, Falklands / Malvinen und Sankt Helena (alle Großbritannien), Westkaledonien (Frankreich) und Guam (USA).

## Sonder- und Spezialorganisationen

Im weltweiten UNO-System arbeiten derzeit knapp 52000 Menschen. Davon sind rund 14000 direkt bei den UNO-Sekretariaten in New York, Genf und Wien angestellt, die anderen 38000 bei den Spezial- und die Sonderorganisationen.

**Die größten Sonder- und Spezialorganisationen**

| | Sitz | Mitarbeiter |
|---|---|---|
| UNO-Entwicklungsprogramm (UNDP) | New York | 6600 |
| Nahrungsmittel- und Landwirtschaftsorganisation (FAO) | Rom | ca. 6400 |
| Weltgesundheitsorganisation (WHO) | Genf | ca. 5300 |
| Kinderhilfswerk (UNICEF) | New York | 3800 |
| Internationale Arbeitsorganisation (ILO) | Genf | ca. 3100 |
| UNO-Organisation für Erziehung, Wissenschaft und Kultur (UNESCO) | Paris | 2800 |

Die 14 Spezialorganisationen sind der Generalversammlung und dem ECOSOC unmittelbar unterstellt (z. B. UNHCR, UNICEF, UNCTAD, UNDP, UNEP). Ihre Budgets sind Teil des regulären UNO-Haushalts und werden – ebenso wie ihre obersten Funktionäre – von der Generalversammlung bestimmt. Die 16 Sonderorganisationen (z. B. ILO, WHO, UNESCO, FAO) sind zwar auch lose an das ECOSOC angebunden und damit Teil des UNO-Systems. Sie haben aber eigene Budgets, wählen ihre Führungsspitze selber und sind der UNO-Generalversammlung gegenüber nicht verantwortlich. Die WTO und die Internationale Atomenergiebehörde (IAEO) sind völlig autonome Organisationen. Nach Ansicht mancher UNO-Historiker gehören auch die «Bretton-Woods-Organisationen» Weltbank, Internationaler Währungsfonds sowie deren später gegründete «Töchter» IFC, IDA und IFAD wegen ihrer Besonderheiten in bezug auf Mitgliedschaft, Finanzierung und interne Abstimmungsverfahren eigentlich zur Kategorie der Autonomen und nicht zu den Sonderorganisationen der UNO.

Zu den 52 000 Zivilbeschäftigten des UNO-Systems kommen noch die **UNO-Soldaten**, die an Peacekeeping-Operationen beteiligt sind. Ende 1994 waren weltweit 72 000 «Blauhelme» und «Blaumützen» bei 17 Operationen im Einsatz. Diese Soldaten werden von Mitgliedsstaaten auf Ersuchen des Generalsekretärs freiwillig gestellt.

## Was kostet und wer finanziert das UNO-System?

Diese Fragen können selbst UNO-Diplomaten oft nicht präzise beantworten. Für die Milliarden Steuerzahler, die jeden Dollar aufbringen, der im UNO-System ausgegeben wird, sind die Finanzen der Weltorganisation erst recht ein Buch mit sieben Siegeln. Das bestärkt das in einigen Ländern besonders hartnäckige Vorurteil von der massiven Geldverschwendung der UNO. – Die Finanzen des UNO-Systems werden auf Basis des US-Dollars kalkuliert. Zu unterscheiden sind vier Bereiche:

1. **Der reguläre Haushalt der UNO.** Dazu gehören die Budgets für die UNO-Zentralen in New York, Genf und Wien sowie die zahlreichen nationalen UNO-Büros; außerdem die Budgets der meisten der 14 Spezialorganisationen (UNHCR, UNEP, UNICEF etc.). Der reguläre Haushalt wird von der Herbstsitzung der Generalversammlung für die kommenden zwei Kalenderjahre beschlossen. Für die Jahre 1994/95 beträgt er zusammen 2,58 Milliarden US-Dollar.

Die Mitgliedsstaaten sind verpflichtet, nach einem festgelegten Prozentschlüssel zur Finanzierung des regulären Haushalts beizutragen. Die größten Anteile müssen derzeit die USA mit 25%, Japan mit 12,45%, Rußland mit 9,41% und Deutschland mit 8,93% aufbringen. Dieser Prozentschlüssel

**Was kostet uns die UNO?**

Beim derzeitigen Beitragsanteil Deutschlands von 8,93% müssen 1995 rund 239 Millionen DM aus Bonner Steuerkassen zur Finanzierung des regulären UNO-Haushalts nach New York überwiesen werden. Das sind pro Kopf der Bevölkerung rund 4 DM. Dazu kämen etwa 480 Millionen DM (also pro Kopf 6 DM) für das Peacekeeping-Budget, sollte es 1995 bei den dafür kalkulierten Kosten von 4 Milliarden US-Dollar bleiben. Außerdem zahlt Deutschland noch Mitgliedsbeiträge in den verschiedenen Sonderorganisationen der UNO. Mit 8,93% ist das vereinte Deutschland weniger stark am regulären UNO-Haushalt beteiligt als gemeinsam bis 1990 die alte Bundesrepublik mit 8,08% und die DDR mit 1,28%.

wird von der Generalversammlung festgelegt und in der Regel alle drei Jahre neu angepaßt. Grundlage für die Berechnung ist der Durchschnittswert des Bruttosozialprodukts (BSP) eines Landes über den Zeitraum von zehn Jahren. Staaten mit einem geringen Pro-Kopf-Einkommen und / oder hoher Auslandsverschuldung müssen weniger Pflichtbeiträge entrichten, als sich nach dem BSP-Durchschnittswert ergibt. 88 Staaten, fast die Hälfte aller Mitglieder, sind derzeit mit dem Mindestbeitrag von 0,01 % veranschlagt.

2. **Ausgaben für Peacekeeping-Operationen.** Beim Beschluß über eine Peacekeeping-Operation verabschiedet der Sicherheitsrat zunächst einen groben Finanzplan. Dieser muß von der Generalversammlung gebilligt werden. Auch für die Kosten der Peacekeeping-Operationen kommen die Mitgliedsstaaten nach einem festgelegten Prozentschlüssel auf. Für die ständigen Mitglieder des Sicherheitsrates liegt der Anteil um rund ein Fünftel höher als beim regulären UNO-Haushalt (also USA derzeit 30 %). Eine Reihe ärmerer UNO-Mitgliedsstaaten sind dafür mit einem geringeren Anteil in der Pflicht. Die Kosten, die pro Finanzjahr tatsächlich für Peacekeeping-Operation anfallen, sind vorab kaum genau kalkulierbar. Durch unvorgesehene Ereignisse in den Konfliktgebieten, in denen die UNO-Soldaten im Einsatz sind, oder durch die Verlängerung von Operationen, die ursprünglich nur für einen begrenzten Zeitraum beschlossen waren, entstehen zusätzliche Kosten. Im Oktober 1994 bezifferte UNO-Generalsekretär Boutros-Ghali die voraussichtlichen Gesamtkosten für das laufende Jahr auf 4 Milliarden US-Dollar. Das zuständige «Department für Peacekeeping-Operationen» (DPKO) im New Yorker UNO-Hauptquartier rechnet für 1995 etwa mit derselben Summe.

3. **Freiwillige Finanzbeiträge** von Regierungen oder Organisationen. Mit diesem Geld wird ein Teil der Arbeit der 14 Spezialorgane (z. B. UNHCR, UNICEF) finanziert. Freiwil-

## Beitragsschlüssel für den regulären UNO-Haushalt

Folgende Staaten müssen mehr als 1% des Haushalts aufbringen

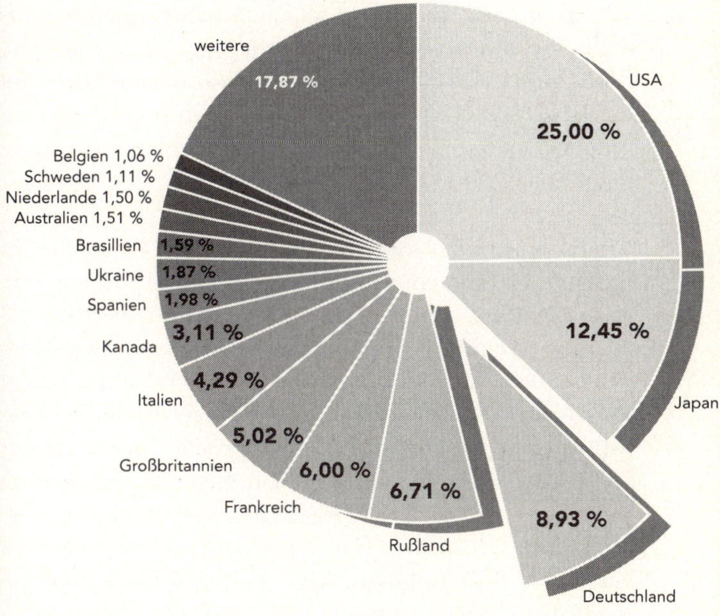


Stand: Oktober 1994
Die letzte Anpassung erfolgte 1993 und berücksichtigt die deutsche Vereinigung sowie den Zerfall der Sowjetunion, der Tschechoslowakwei und Jugoslawiens.

Weitere 81 Staaten sind mit Beiträgen zwischen 0,01 % und 1,00 % veranschlagt und 88 Staaten mit 0,01 %.

*Quelle:* UNO-Sekretariat, New York

lige Leistungen spielen vor allem eine Rolle zur Linderung aktueller humanitärer Katastrophen. Auf eigens zu diesem Zweck einberufenen Spendenkonferenzen stellten Regierungen in den letzten drei Jahren zum Beispiel mehrere hundert Millionen US-Dollar für die Versorgung der Menschen in Bosnien oder der Flüchtlinge aus Ruanda zur Verfügung.

4. Die eigenen Haushalte der 16 **Sonderorganisationen** sowie der formal zwar völlig unabhängigen, aber dennoch häufig zum UNO-System gezählten **autonomen Organisationen** GATT / WTO und IAEO. Die Arbeit dieser 18 Institutionen wird von ihren jeweiligen Mitgliedsstaaten durch festgesetzte Pflichtbeiträge finanziert.

Die letzte abgeschlossene Übersicht über die Kosten des gesamten UNO-Systems stammt aus dem Jahr 1992. Über den regulären Haushalt der UNO wurden 1,18 Milliarden US-Dollar ausgegeben; die Kosten für Peacekeeping-Operationen betrugen 1,4 Milliarden Dollar; die freiwilligen Beiträge sowie die Haushalte der 18 Sonderorganisationen beliefen sich auf die Summe von 7,9 Milliarden Dollar (darunter 2,69 Mrd. für humanitäre Aufgaben). Insgesamt betrugen die weltweiten Kosten des UNO-Systems 1992 also rund 10,5 Milliarden US-Dollar. Das waren lediglich 0,0005 % des weltweiten Bruttosozialprodukts oder **1,90 US-Dollar pro Kopf der Weltbevölkerung**. Die weltweiten Rüstungsausgaben beliefen sich 1992 auf 150 Dollar pro Kopf. Allein die Bürger Großbritanniens gaben 1992 30 Milliarden Dollar für alkoholische Getränke aus – das Dreifache der Kosten des UNO-Systems. Auch im historischen Vergleich haben sich die Kosten des UNO-Systems eher bescheiden entwickelt. 1946, in ihrem ersten Haushaltsjahr, gehörten zur UNO 50 Mitgliedsstaaten, und sie hatte nur ein kleines Zentralbüro mit wenigen Mitarbeitern. Der reguläre Haushalt betrug damals 21,5 Millionen Dollar. 1992 hatte die UNO 184 Mitglieder, eine weltweite Infrastruktur, Zehntausende von Mitarbeitern und zahlreiche globale Programme für die seit 1946 mehr als verdoppelte Weltbevölkerung. Der reguläre Haushalt von 1,18 Milliarden Dollar bedeutet einen Anstieg lediglich um das Zehnfache in 46 Jahren, bezogen auf den Realwert des US-Dollars.

Unter der mangelnden Bereitschaft der Mitgliedsstaaten, das UNO-System mit mehr Finanzmitteln auszustatten, leidet primär die Arbeit im Entwicklungsbereich – also gerade der Bereich, in dem in vielen Regionen dieser Erde Konflikt- und Kriegsursachen beseitigt oder zumindest entschärft werden könnten. Auch die humanitären Hilfsmaßnahmen des UNO-Systems für Menschen in aktuellen Notlagen sind wegen Geldmangels zunehmend unzureichend. Die Zahl dieser Notlagen – seien sie verursacht durch Natur- und Umweltkatastrophen oder durch bewaffnete Konflikte – ist in den letzten Jahren deutlich angestiegen. Die Zurückhaltung oder verspätete Entrichtung der verbindlich festgelegten Pflichtbeiträge für den regulären UNO-Haushalt und für die Peacekeeping-Kasse führt immer häufiger zu Verzögerungen beschlossener Maßnahmen und Programme. Während dieser verlorenen Zeit verschärfen sich zumeist die Probleme noch.

**Fazit**

Von einer relativ überschaubaren Organisation mit zentralem Sitz und kleinem Apparat hat sich die UNO in den letzten 50 Jahren zu einem komplexen, weltweit verzweigten internationalen System entwickelt. Zu diesem System gehören neben den 184 Mitgliedsstaaten 30 Sonder- und Spezialorganisationen. Ende 1994 hatte die UNO rund 52000 Zivilbeschäftigte sowie 72000 Soldaten in 17 Peacekeeping-Operationen im Einsatz. Die Generalversammlung ist zwar das demokratischste Organ der UNO. Die meisten wichtigen Entscheidungen trifft jedoch der Sicherheitsrat. Der Rat wird noch immer von der Siegerkoalition des Zweiten Weltkriegs und seit dem Ende der Ost-West-Konfrontation in erster Linie von den USA dominiert.

# Nach 50 Jahren droht der Kollaps

In keiner Phase seit 1945 hat die UNO ihre in der Charta formulierten Aufgaben tatsächlich zur Zufriedenheit auch nur einer Mehrheit, geschweige denn aller ihrer Mitgliedsstaaten erfüllen können. Das führte zu einer Reihe schwerer Krisen. Seit dem Ende der Ost-West-Konfrontation 1990 haben sich die politischen, materiellen und organisatorischen Probleme der Weltorganisation weiter dramatisch verschärft – entgegen allen Erwartungen, nach dieser historischen Wende könne die UNO die Aufgaben der Charta endlich wahrnehmen und zur Schaffung einer friedlicheren und gerechteren Weltordnung beitragen. Inzwischen ist die UNO völlig überlastet durch immer neue Anforderungen. Zugleich ist sie finanziell praktisch bankrott.

Die längst **überfällige politische Reform** des UNO-Systems durch eine Demokratisierung der Strukturen und die Stärkung der Generalversammlung wird weiter verschoben. Statt dessen hat das Gewicht des zunehmend von den USA dominierten Sicherheitsrates in den letzten fünf Jahren weiter zugenommen. Die unter Generalsekretär Boutros-Ghali seit 1992 eingeleiteten Bemühungen um eine verbesserte Organisation der Arbeit, den Abbau überflüssiger Bürokratie und die Vermeidung von Korruption sind allzu zaghaft und haben bisher kaum gegriffen. Bei Mitgliedern wie Mitarbeitern steckt die UNO in der größten Glaubwürdigkeitskrise ihrer Geschichte. Ein Zerfall der Weltorganisation ist nicht mehr auszuschließen.

## Das globale Nord-Süd-Gefälle als Hauptproblem



Zentrales Problem für die kollektive Institution der UNO ist die anhaltend tiefe Kluft zwischen den reichen Industriestaaten des Nordens mit rund einem Fünftel der Weltbevölkerung und den überwiegend armen Ländern des Südens, in denen die «restlichen» vier Fünftel der Menschheit leben.

Zwar werden seit dem Zerfall der globalen Ost-West-Blockkonstellation zunehmend auch Interessengegensätze zwischen den knapp 40 Staaten des Nordens sichtbar. Zum Teil werden diese Gegensätze lautstark und unter großer Aufmerksamkeit von Medien und Öffentlichkeit ausgetragen – zum Beispiel Handelskonflikte zwischen den USA, Japan und der Europäischen Union. Auch zwischen den über 140 Ländern des Südens gibt es – etwa bedingt durch die rasante wirtschaftliche Entwicklung einiger südostasiatischer und lateinamerikanischer Staaten in den letzten 15 Jahren – zunehmend Differenzierungen. Dennoch: die entscheidenden Konflikte verlaufen nach wie vor entlang der Nord-Süd-Linie – sei es in Fragen der Weltwirtschaft und des internationalen Handels, der Umwelt und Abrüstung oder der Menschenrechte.

In ihren ersten 30 Jahren war die UNO ein wichtiges Forum für die Bewegungen Afrikas und Asiens zur Befreiung von der europäischen Kolonialherrschaft. Doch seitdem hat die UNO wenig dazu beitragen können, «den wirtschaftlichen und sozialen Fortschritt aller Völker zu fördern» (Präambel der Charta) und «internationale Probleme wirtschaftlicher, sozialer, kultureller und humanitärer Art zu lösen» (Artikel 1,3). Die wirtschaftliche und soziale Lage für die allermeisten Menschen im Süden unseres Globus ist heute schlechter oder zumindest nicht besser als vor 20 Jahren. Das zeigen die Jahresberichte der UNO-Entwicklungsprogramme (UNDP) und anderer Organisationen, die regelmäßig Ernährungslage, Pro-Kopf-Einkommen, Gesundheitsversorgung, Bevölke-

**Bevölkerungszahl ...**

Die Größe der Flächen entspricht
in etwa der Größe der Bevölkerung

**Wirtschaftskraft ...**

Die Größe der Flächen entspricht
in etwa der Größe der Wirtschaftsleistung

*Quelle:* Globus-Kartendienst

rungswachstum, Umweltsituation und andere relevante Entwicklungsindikatoren in rund 120 Staaten untersuchen. Laut UNDP-Report von 1992 verfügen die reichsten 20% der Weltbevölkerung über 80 bis 95% aller weltweiten Kapi-

### Das Nord-Süd-Gefälle wird immer steiler

Das reichste Fünftel der Menschheit verdiente 1960 dreißigmal soviel wie das ärmste Fünftel, 1993 bereits sechzigmal soviel. Die Verschuldung der Länder des Südens ist zwischen 1970 und 1993 von 100 Milliarden US-Dollar auf 1400 Milliarden oder 1,4 Billionen Dollar gestiegen. Die vom Norden festgesetzten Zinssätze erfordern jährliche Schuldentilgungen in Höhe von 266 Milliarden Dollar. Das ist das Fünffache der jährlichen Entwicklungshilfezahlungen des Nordens an den Süden.

Die meisten afrikanischen Staaten südlich der Sahara beziehen über die Hälfte ihrer Exporteinnahmen aus dem Verkauf von Kaffee, Kakao und anderen Rohstoffen. Die Weltmarktpreise für diese Rohstoffe sind in den achtziger Jahren um über 30% gesunken.

Nach Berechnungen der «Organisation für wirtschaftliche Zusammenarbeit und Entwicklung» (OECD), der 24 nördliche Industriestaaten angehören, wird Afrika infolge des GATT-Abkommens der Uruguay-Runde 2,6 Milliarden Dollar verlieren. Den Staaten des Nordens wird hingegen ein Gewinn von mindestens 270 Milliarden Dollar prophezeit.

Das Entwicklungsprogramm der UNO (UNDP) schätzt, daß der Protektionismus des Nordens, manipulierte Zinssätze für die Schulden und andere Disparitäten zwischen Nord und Süd den Entwicklungsländern jährlich insgesamt über 500 Milliarden Dollar rauben – das Zehnfache aller Entwicklungshilfe.

Quellen: UNDP-Report über die menschliche Entwicklung, 1993; OECD-Studie zum GATT-Abkommen, 1994

## Die Reichsten und die Ärmsten

Anteil des reichsten und ärmsten Fünftels der Weltbevölkerung am globalen …

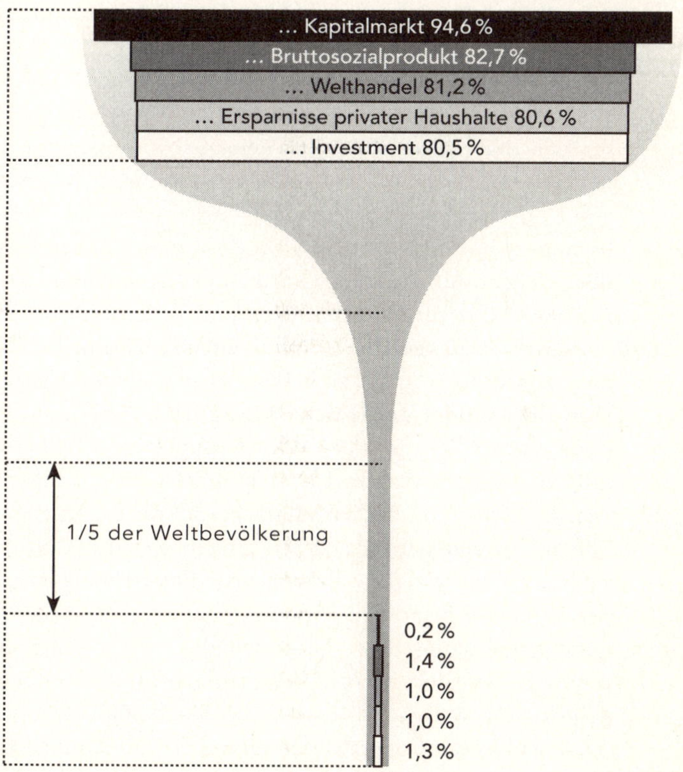


*Quelle:* Erskin Childers / Brian Urqhart: *Renewing the United Nations*, Uppsala 1994

talressourcen. Die rasante wirtschaftliche Entwicklung, die in den letzten 15 Jahren einige wenige Staaten in Südostasien sowie – in geringerem Maß – in Lateinamerika durchgemacht haben, ändert das Gesamtbild kaum.

In der alltäglichen Arbeit der UNO und ihrer Sonder- und Spezialorganisationen nimmt die **wirtschaftliche und soziale Situation** in den Mitgliedsländern einen breiten Raum ein. Das zeigt ein Blick auf die Liste der von der UNO veröffentlichten Publikationen und auf den Jahreskalender der vielen hundert UNO-Veranstaltungen in Genf, New York und anderen Orten. Die Mehrheit der zahlreichen Konferenzen, Tagungen, Ausschuß- und Kommissionsberatungen ist sozialen und wirtschaftlichen Themen sowie in den letzten Jahren verstärkt auch Umweltfragen gewidmet. Abgesehen von Konventionen oder anderen zwischenstaatlichen Vereinbarungen, beschränkt sich das Ergebnis dieser Arbeit jedoch überwiegend auf Analysen, Datensammlungen und im besten Fall Vorschläge für Veränderungen und Verbesserungen. Selber durchsetzen kann die UNO diese Vorschläge nicht. Unter diesem Dilemma leidet zum Beispiel die **UNO-Organisation für Handel und Entwicklung** (UNCTAD), die 1964 unter großen Erwartungen der «Gruppe der 77 Entwicklungsländer» (inzwischen 124) gegründet wurde. Lange Zeit war die UNCTAD das wichtigste Forum für die Staaten des Südens. In den siebziger Jahren gingen von der UNCTAD zahlreiche Initiativen aus für eine neue Entwicklungsstrategie der Vereinten Nationen. Auf zwei Sondertagungen der Generalversammlung 1974/75 setzten die Länder des Südens mit ihrer Mehrheit die Forderung zur Schaffung einer neuen, gerechteren Weltwirtschaftsordnung durch. Fünf Jahre später beschloß die Generalversammlung einvernehmlich Leitlinien für die UNO-Entwicklungspolitik der achtziger Jahre. Diese Leitlinien sahen «globale Verhandlungen» zwischen Nord und Süd vor über die Themen Rohstoffe, Handel, Entwicklung, Energie sowie Währung und Finanzen. Zudem

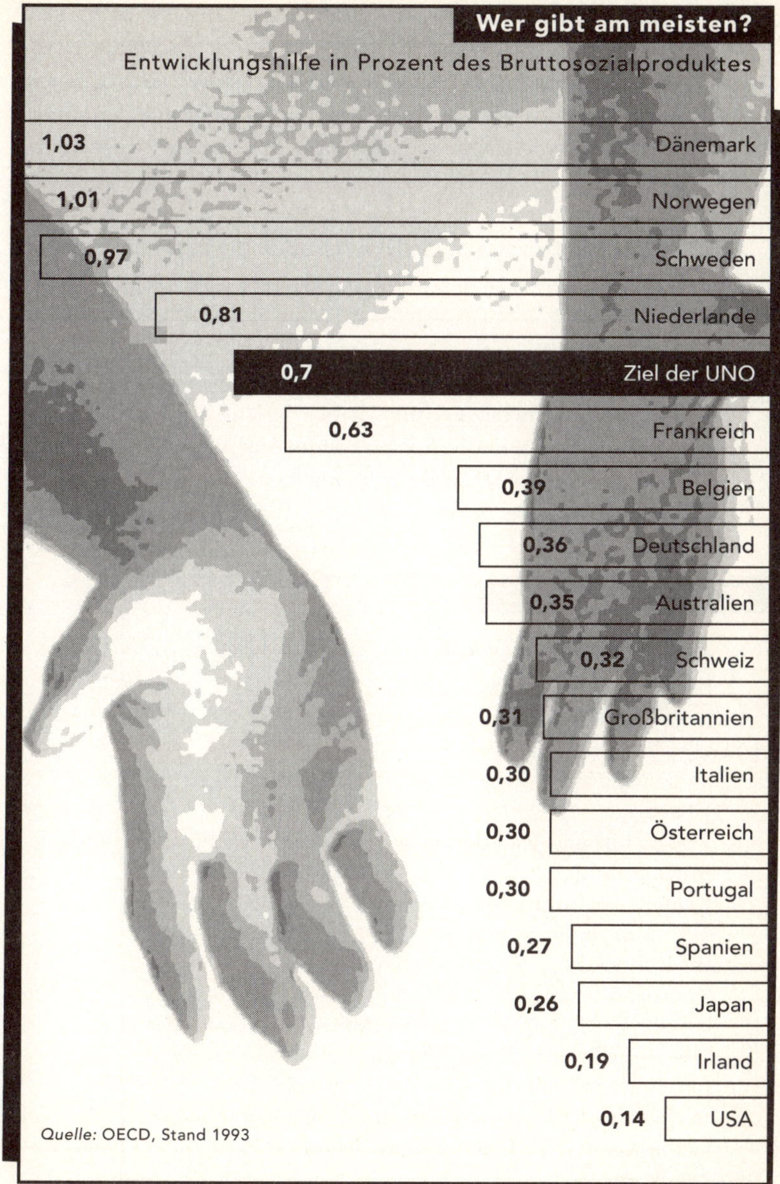

*Quelle:* OECD, Stand 1993

wurde eine Strategie für die Dritte Entwicklungsdekade der Vereinten Nationen (1980–1990) verabschiedet. Zentrale Forderung der Strategie an die Industriestaaten des Nordens war die Steigerung ihrer Entwicklungshilfeleistungen an den Süden auf 0,7% ihres nationalen Bruttosozialproduktes.

Diese Beschlüsse der Generalversammlung trugen zwar zu einer Entschärfung der UNO-internen Nord-Süd-Debatte bei. Doch sie blieben weitgehend Makulatur. Nach Angaben der «Organisation für wirtschaftliche Zusammenarbeit und Entwicklung» (OECD), in der 24 Industriestaaten des Nordens zusammengeschlossen sind, haben bislang nur vier dieser 24 Staaten die zentrale **0,7%-Forderung** umgesetzt: die drei skandinavischen Länder Dänemark, Norwegen und Schweden sowie die Niederlande. Die Bundesrepublik Deutsch-

**Prinzipien der UNO**

1. Mitgliedschaft für alle «friedliebenden Staaten» durch Beschluß der Generalversammlung.
2. Jedes Mitglied hat eine Stimme.
3. Gleichbehandlung aller Mitglieder.
4. Strafen gegen ein Mitglied nur bei Verstößen gegen die Charta.
5. Programme und Maßnahmen gelten in der Regel für alle Mitgliedsländer.
6. Keine wirtschaftlichen Maßnahmen gegen ein Mitglied, mit Ausnahme von Sanktionen bei Friedensbruch, -bedrohung oder Angriffshandlung.
7. Koordination der im Wirtschafts-, Sozial- und Entwicklungsbereich tätigen Sonderorganisationen mit der UNO durch spezielle Abkommen.
8. Entwicklungshilfeleistungen sind entweder nicht rückzahlbar oder erfolgen in Form von Darlehen mit langen Laufzeiten und niedrigen Zinsen.

land, eines der reichsten Länder der Erde, gibt immer noch weniger als 0,4 % des Bruttosozialprodukts für Entwicklungshilfe aus.



Noch weit nachteiliger als das Ausbleiben von Entwicklungshilfe sind für die Länder des Südens die ungerechten Strukturen von Handel und Weltwirtschaft. Internationale Verhandlungen und Entscheidungen über Handels-, Währungs-, Finanz- und Entwicklungsfragen finden zwar statt – aber außerhalb der UNO in Institutionen, die von den Staaten des

**Prinzipien der Weltbank und des IWF**

1. Mitgliedschaft abhängig von finanzieller Einlage, bestimmten wirtschaftlichen Mindestvoraussetzungen und der Zustimmung der einflußreichsten Staaten.
2. Gewichtete Stimmen, abhängig von der Wirtschaftskraft eines Mitglieds und der Höhe seiner Einlage.
3. Spezielle IWF-Maßnahmen gegenüber ärmeren Mitgliedern (Defizitländern).
4. Strafen, wenn ein Mitglied bestimmte wirtschaftliche Anforderungen nicht erfüllt (z. B. Reduzierung der Inflation); Strafen werden selten gegen reichere Mitglieder verhängt.
5. Programm und Maßnahmen werden auf einzelne Mitglieder zugeschnitten.
6. Zugang eines Mitglieds zu den internationalen Kapitalmärkten ist abhängig von der Bewertung seiner Kreditwürdigkeit durch den IWF.
7. Weltbank und IWF verweigerten bislang den Abschluß von Koordinationsabkommen mit der UNO.
8. Entwicklungshilfe entweder zu den Zins- und Laufzeitbedingungen des kommerziellen Kapitalmarkts oder in Form von langfristigen Darlehen der Weltbank-Tochter IDA (Internationale Entwicklungsagentur).

IWF = Internationaler Währungsfonds

Nordens dominiert und kontrolliert werden oder wo diese sogar völlig unter sich sind: in der **Weltbank** und dem **Internationalen Währungsfonds** (IWF) sowie dem «Allgemeinen Zoll- und Handelsabkommen» (GATT), das Anfang 1995 von der **Welthandelsorganisation** (WTO) abgelöst wurde. Zur Abstimmung ihrer Wirtschafts- und Währungspolitik haben sich die sieben «wichtigsten» Industriestaaten des Nordens (USA, Japan, Kanada, Deutschland, Frankreich, Großbritannien und Italien) in der **«G-7»** organisiert. Ohne den geringsten Einfluß auf die «Gruppe der 7» zu besitzen, sind die Länder des Südens von deren Entscheidungen erheblich betroffen.

## Der Nord-Süd-Konflikt in den UNO-Strukturen

Das Nord-Süd-Gefälle spiegelt sich als zentraler Konflikt innerhalb der UNO-Strukturen wider. Die Länder Afrikas, Asiens und Lateinamerikas bilden seit 1945 die Mehrheit in der Generalversammlung. In den achtziger Jahren stellten sie dort 80 % der Mitglieder. Seit dem Zerfall der Sowjetunion, Jugoslawiens und der Tschechoslowakei in insgesamt 18 neue Nationalstaaten sind es rund drei Viertel der jetzt 184 UNO-Mitglieder. Das entspricht knapp dem Anteil der Weltbevölkerung, der in den Ländern des Südens lebt – 4,2 Milliarden von 5,5 Milliarden Menschen.

Mit dieser Mehrheit in der Generalversammlung konnten die Länder des Südens viele Resolutionen verabschieden – auch gegen den Willen des Nordens. Doch da sie laut UNO-Charta nicht bindend sind, blieben sie zumeist folgenlos. Die relevanten Entscheidungen der UNO fallen im **Sicherheitsrat**, und hier haben die Länder des Südens kaum Einfluß.

Im Sicherheitsrat, der laut Artikel 24 der UNO-Charta die «Hauptverantwortung für die Wahrung des Weltfriedens und der internationalen Sicherheit» trägt, ist das Übergewicht des Nordens durch die Charta-Regeln über die geographische Zusammensetzung und das Abstimmungsverfahren institutionell festgeschrieben. In den ersten 45 UNO-Jahren war dieser Umstand zwar auch schon Gegenstand deutlicher Kritik aus dem Süden. Doch war er von vergleichsweise geringerer politischer Bedeutung als heute. Denn der Sicherheitsrat war ohnehin meist blockiert durch den Dissens zwischen den USA und der ehemaligen Sowjetunion und daher entscheidungsunfähig. Seit dem Ende der Ost-West-Konfrontation und dem Zerfall der Sowjetunion spielt der Sicherheitsrat jedoch wieder eine erhebliche Rolle. Dabei wird der Rat inzwischen weitgehend von der einzigen verbliebenen **Weltmacht USA** dominiert. Bei den über 300 Resolutionen, die der Sicherheitsrat seit 1989 verabschiedet hat, schloß sich Moskaus Botschafter mit einer Ausnahme (Finanzierung der UNO-Truppen auf Zypern, 1993) immer der Haltung seiner US-amerikanischen Kollegin an. Fast ausnahmslos fanden diese Resolutionen auch die Zustimmung Frankreichs und Großbritanniens sowie der drei nichtständigen Ratsmitglieder aus der Gruppe West- und Osteuropa / Ozeanien / Kanada. Erstmals seit Anfang der achtziger Jahre bestand im November 1994 die Möglichkeit einer Niederlage der USA im Sicherheitsrat. Damals drohten Rußland, Großbritannien und Frankreich mit einem Veto gegen Washingtons Resolutionsentwurf zur Aufhebung des Waffenembargos gegen Bosnien-Herzegowina.

Gegen die geschlossene Haltung der «Nordstaaten» können die sieben nichtständigen Ratsmitglieder aus Asien, Afrika und Lateinamerika die Mehrheit von neun Jastimmen und Enthaltungen nicht zustande bringen, die zur Verabschiedung einer Resolution erforderlich ist. Selbst dann nicht, wenn das ständige Mitglied China, das lange Zeit als Anwalt der «Dritten Welt» in der UNO galt, ebenfalls gegen die «Nordstaaten» stimmen würde.

Tatsächlich hat sich die **Volksrepublik China** seit ihrem Ratsbeitritt 1971 in fast allen Fragen, die zwischen Nord und Süd umstritten waren, auch nach oftmals deutlichen Stellungnahmen in den Debatten des Rats bei den Abstimmungen enthalten, anstatt von ihrem Vetorecht Gebrauch zu machen. Damit ermöglichte es Peking zum Beispiel bei den Abstimmungen vor und während des Golfkrieges 1990/91 und danach bei zahlreichen Entscheidungen über militärische Operationen der UNO, daß sich die Position der USA trotz Ablehnung der Länder des Südens durchsetzen konnte. In den sehr wenigen Fällen, in denen die Haltung der sieben Ratsmitglieder aus dem Süden einmal die Unterstützung von mindestens zwei Ländern des Nordens fand und damit die erforderliche Mehrheit, legten zumeist die USA, manchmal auch Rußland, Frankreich oder Großbritannien ein Veto ein. Um ihrerseits die erforderliche Neun-Stimmen-Mehrheit für eigene Resolutionsvorschläge sicherzustellen, setzen die USA seit 1990 verstärkt ihre wirtschaftliche und politische Überlegenheit ein, um die Staaten des Südens unter Druck zu setzen oder zu bestechen. Dies geschieht zumeist für die Öffentlichkeit nicht nachvollziehbar bei informellen Sondierungen zwischen den 15 Botschaftern. Zum Zeitpunkt, da der Sicherheitsrat die Abstimmung über einen Resolutionsentwurf auf die Tagesordnung setzt, sind die Würfel längst gefallen.

Nachträglich bekannt und bezeugt durch die Botschafter der betroffenen Staaten wurden die **«Zuckerbrot-und-Peitsche»**-Praktiken, mit denen die USA die Zustimmung des Sicherheitsrates zur Resolution 678 vom 29. November 1990 herbeiführten. In dieser Resolution wurden die UNO-Mitgliedsstaaten zum Einsatz militärischer Gewalt gegen den Irak legitimiert. Bei den internen Konsultationen unter den fünf ständigen Mitgliedern hatte lediglich China Bedenken geäußert und ein Veto zunächst nicht ausgeschlossen. Zugleich ließen Pekings Diplomaten Washington den Preis für eine Zustimmung oder zumindest Enthaltung wissen: die Aufhebung der diplomatischen Isolation, die die USA und andere Staaten nach dem Massaker auf dem «Platz des Himmlischen Friedens» im Juni 1989 über China verhängt hatten, sowie Wirtschaftshilfe. 36 Stunden vor der Golfkriegs-Abstimmung im Sicherheitsrat kündigte Washington ein Treffen zwischen Präsident Bush und dem chinesischen Außenminister Qian Qichen für den Tag nach der Abstimmung an. China enthielt sich. Eine knappe Woche später gab die Weltbank Wirtschaftshilfe an China in Höhe von 114 Millionen US-Dollar bekannt. Den damaligen nichtständigen Ratsmitgliedern aus dem Süden, Kolumbien, Äthiopien, Zaire und Jemen, versprach die Bush-Administration als Gegenleistung für ein «Ja» zur Golfkriegs-Resolution Wirtschaftshilfen sowie verbesserten Zugang zu Krediten von Weltbank und Internationalem Währungsfonds. Äthiopien und Kolumbien erhielten darüber hinaus Zusagen für militärische Lieferungen aus den USA. Ägypten – damals nicht im Sicherheitsrat, aber für die USA wichtiger Partner in der Golfkriegs-Allianz gegen Bagdad – erließ die Regierung in Washington bilaterale Schulden in Höhe von 7 Milliarden US-Dollar. Verbunden mit dem Schuldenerlaß war auch die Erwartung, daß Jemen, zu diesem Zeitpunkt einziger arabischer Staat im Sicherheitsrat, durch Ägypten zu einem «Ja» bewegt werde. Aus politischen Gründen war Washington sehr an einstimmiger Unterstützung im Sicherheitsrat und in der arabischen Welt für den geplanten Krieg gegen Irak gelegen. Doch trotz aller Bestechungsversuche und Pressionen stimmte Jemen, eines der ärmsten Länder der Welt, *gegen* die Resolution. «Das war die teuerste ‹Nein›-Stimme, die Sie jemals abgegeben haben», erklärte ein US-Diplomat dem UNO-Botschafter Jemens unmittelbar nach der Abstimmung. Über die noch nicht abgeschaltete Mikrofonanlage des UNO-Ratssaales wurde diese Bemerkung aufgezeichnet. Drei Tage später machten die USA verbindliche Zusagen für Finanzhilfen an Jemen in Höhe von 70 Millionen Dollar, die bereits Monate vor der Irak-Diskussion des Sicherheitsrates erfolgt waren, wieder rückgängig.

## Selektive Durchsetzung der UNO-Charta

Nach Meinung vieler UNO-Mitgliedsländer – nicht nur des Südens – sind die Golfkriegsresolution und einige weitere Irak-Entscheidungen des Sicherheitsrates wenn nicht ein klarer Bruch, so doch zumindest ein **Mißbrauch der UNO-Charta** und das bislang eklatanteste Beispiel für ihre selektive Durchsetzung – abhängig von den jeweiligen Interessen der Großmächte, zumeist der USA. In den siebziger und achtziger Jahren konzentrierte sich diese Kritik in erster Linie auf die Weigerung der USA und der anderen Westmächte, die **Resolution 242** notfalls auch mit Sanktionen durchzusetzen. Mit dieser Resolution hatte der Sicherheitsrat Israel nach dem Sechs-Tage-Krieg vom Juni 1967 zum Rückzug von allen besetzten Gebieten aufgefordert. 26 Jahre lang, bis zum Gaza-Jericho-Abkommen vom September 1993, weigerte sich die israelische Regierung, dieser Forderung nachzukommen.

Ein weiteres Beispiel ist das seit über 30 Jahren andauernde **Embargo der USA gegen Kuba**. Schon häufig, aber bislang vergeblich, hat die Generalversammlung Washington aufgefordert, diesen eindeutigen Bruch des Völkerrechts zu beenden – zuletzt im November 1994 mit der Mehrheit von 110 Stimmen bei Enthaltung der meisten westlichen Verbündeten der USA. Seit dem Golfkrieg hat sich bei vielen UNO-Mitgliedern der Eindruck weiter verfestigt, daß der Sicherheitsrat Verstöße gegen die Charta je nach Interessenlage der fünf Vetomächte mit sehr unterschiedlichen Maßstäben mißt. Dazu beigetragen haben auch die unter Druck der USA und Großbritanniens beschlossenen **Sanktionen gegen Libyen**. Begründung für die Sanktionen ist die Weigerung der Regierung in Tripolis, zwei libysche Staatsbürger an die USA oder Großbritannien auszuliefern, wo sie vor Gericht gestellt werden sollen. Die beiden Libyer werden von Washington und London beschuldigt, den Absturz einer PanAm-Maschine über dem schottischen Lockerbie herbeigeführt zu haben. Ein Verfahren vor dem Internationalen Gerichtshof lehnen die USA und Großbritannien ab. Den immer zahlreicheren Hinweisen, wonach von Syrien gesponserte Terroristen für den Anschlag auf das PanAm-Flugzeug verantwortlich sind, wird nicht ernsthaft nachgegangen. Denn Washington braucht Syriens Staatschef Assad für den Erfolg der Friedensverhandlungen im Nahen Osten.

Folgenreich ist die wesentlich von Rußland und Großbritannien erzwungene Zurückhaltung, mit der der Sicherheitsrat bis heute auf den **Aggressionskrieg Serbiens** gegen Bosnien-Herzegowina und auf die Vertreibung und den Völkermord an den dortigen Muslimen reagiert. Auch das man-

**15 stärker als 169?**

«Der Sicherheitsrat besteht nur aus 15 Staaten. Es gibt aber 169 UNO-Mitglieder, die nicht im Sicherheitsrat vertreten sind. Wenn die 15 sich so verhalten, als wären sie stärker als 169, wäre dies ein schlimmer Fehler. Damit würde das Vertrauen der UNO-Staaten in den Sicherheitsrat zerstört als einer Institution, die ihre Interessen schützt. Das würde die zentrale Grundlage der UNO untergraben, nämlich die Gleichberechtigung aller ihrer Mitglieder.»

Simbarashe Mumbengegni, UNO-Botschafter Zimbabwes

gelnde Engagement wichtiger Ratsmitglieder in Konflikten auf dem afrikanischen Kontinent zeugt von unterschiedlichen Maßstäben bei der Umsetzung der Charta-Bestimmungen.

Kritik am höchsten Organ der UNO kommt, diplomatisch zurückhaltender formuliert, auch aus dem Norden. Nach Konsultationen mit seinen 183 New Yorker Amtskollegen über einen ständigen Sitz Deutschlands im obersten Organ der UNO konstatierte Bonns UNO-Botschafter Detlev Graf zu Rantzau im Juni 1993 «ein weitverbreitetes Unbehagen über die Situation im Sicherheitsrat». «Besonders kritisch» werde «von vielen UNO-Mitgliedsstaaten die Rolle der USA bewertet».

## Militärische Operationen – die Hauptaufgabe der UNO?

Während die UNO wegen der Interessengegensätze unter ihren Mitgliedsstaaten auch nach dem Ende des globalen Ost-West-Konfliktes kaum in der Lage ist, effektiv zur Verbesserung der sozialökonomischen Situation eines Großteils der Weltbevölkerung beizutragen und damit zur Entschärfung von Konfliktursachen, macht sie zunehmend durch militärische Operationen Schlagzeilen. Allein zwischen April 1991 und Oktober 1994 wurden elf derartige Operationen beschlossen; in den Jahren zwischen 1945 und 1991 waren es insgesamt nur 22, von denen fünf bis heute andauern. Ob Peacekeeping (Friedenserhaltung), Peaceenforcement (Friedensdurchsetzung) oder Military Oberserver Missions (militärische Beobachtermissionen): Zahl, Umfang und Kosten der Einsätze von **«Blauhelmen»** und «Blaumützen» ließen in den letzten fünf Jahren den Eindruck entstehen, als läge in derartigen Missionen der wesentliche Daseinszweck der Vereinten Nationen. 72 000 UNO-Soldaten oder militärische Beobachter aus über 70 Mitgliedsstaaten waren Ende 1994 in weltweit 17 Konfliktregionen im Einsatz. Bis zum Abschluß der UNO-Mission in Kambodscha 1993 waren es zeitweise sogar über 90 000 Soldaten.



Alle 33 Militäroperationen der UNO seit 1945 wurden vom Sicherheitsrat beschlossen – mit Ausnahme des Korea-Einsatzes 1950, der zunächst von der Generalversammlung autorisiert und erst später vom Sicherheitsrat abgesegnet wurde. Schon zu Zeiten der Ost-West-Konfrontation war die UNO politisch wie materiell überfordert bei der Umsetzung dieser Beschlüsse. Seit 1991 haben sich diese Probleme verschärft.

Es gibt keine völkerrechtlich eindeutige Grundlage und keine klaren Unterscheidungen der verschiedenen Formen militärischer UNO-Einsätze. In der UNO-Charta werden lediglich Voraussetzungen für die im Deutschen häufig so bezeichneten **«Kampfeinsätze»** definiert (Kapitel VII, Artikel 39–42). Bislang hat jedoch die UNO noch nie einen «Kampfeinsatz» unter Berufung auf diese Charta-Bestimmungen beschlossen. Auch die 1950 durch die «United-for-Peace»-Resolution der Generalversammlung autorisierte Militäroperation in **Korea** erfüllte diese Kriterien nicht.

Mehrfach von ihren Waffen Gebrauch machten die zeitweise bis zu 20 000 UNO-Soldaten, die zwischen 1960 und 1964 im **Kongo** (heute: Zaire) stationiert waren. Auch diese Soldaten hatten keinen «Kampfauftrag» des Sicherheitsrates. Im Juni 1960 hatte die frühere belgische Kolonie offiziell ihre Unabhängigkeit erhalten. Kurz darauf zettelten von ausländischen Söldnern geführte Separatisten in der Provinz Katanga Unruhen an. Belgien entsandte Truppen, um «Ordnung zu schaffen». Der UNO-Sicherheitsrat forderte Brüssel zum Rückzug dieser Truppen auf. Nach einem Beistandsersuchen der neuen kongolesischen Regierung beschloß der Rat dann die Statio-

**Militärische Einsätze der UNO**

(Stand: November 1994)

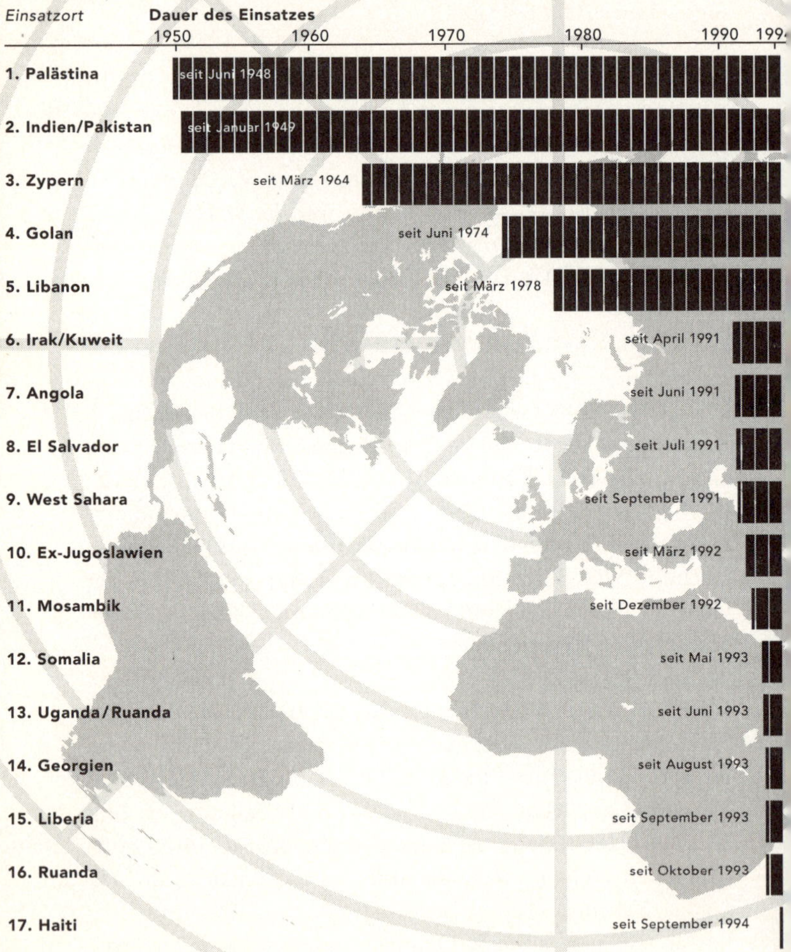


*Quelle:* Tagesanzeiger, Zürich

| Name der Uno-Mission | | Hauptquartier | Jährliche Kosten in Mill. Dollar | Truppenstärke April/Mai 1994 |
|---|---|---|---|---|
| **UNTSO** | United Nations Truce Supervision Organization | **Jerusalem** | **30** | **219** |
| **UNMOGIP** | United Nations Military Observer Group in India and Pakistan | **Rawalpindi und Srinagar** | **8** | **1949** |
| **UNFICYP** | United Nations Peace-Keeping Force in Cyprus | **Nikosia** | **47** *(aus freiwilligen Beträgen einzelner Länder)* | **1235** |
| **UNDOF** | United Nations Disengagement Observer Force | **Damaskus** | **32** | **1034** |
| **UNIFIL** | United Nations Interim Force in Lebanon | **Naquora** | **145** | **5294** |
| **UNIKOM** | United Nations Iraq-Kuwait Observation Mission | **Umm Qasr** | **73** | **1149** |
| **UNAVEM II** | United Nations Angola Verification Mission | **Luanda** | **25** | **77** |
| **ONUSAL** | United Nations Observation Mission in El Salvador | **San Salvador** | **24** | **302** |
| **MINURSO** | United Nations Mission for the Referendum in Western Sahara | **Laayoune** | **40** | **351** |
| **UNPROFOR** | United Nations Protection Force | **Zagreb, Kiseljak, Skopje** | **1245** | **44 870** |
| **ONUMOZ** | United Nations Operation in Moçambique | **Maputo** | **329** | **6834** |
| **UNOSOM II** | United Nations Operation in Somalia | **Mogadischu** | **1000** | **18 133** |
| **UNOMUR** | United Nations Observation Mission Uganda-Rwanda | **Kigali** | *(im Budget von UNAMIR integriert)* | **80** |
| **UNOMIG** | United Nations Observation Mission in Georgia | **Tiblisi** | **7** | **22** |
| **UNOMIL** | United Nations Observation Mission in Liberia | **Monrovia** | **70** | **374** |
| **UNAMIR** | United Nations Assistance Mission for Rwanda | **Kigali** | **?** | **5500** *(autorisiert)* |
| **UNIMIMS** | United Nations Interim Mission in Haiti | **Port au Prince** | **?** | **700** |

nierung der UNO-Soldaten, die während ihres vierjährigen Aufenthalts von den separatistischen Söldnertruppen mehrfach in bewaffnete Auseinandersetzungen verwickelt wurden.

Auch der **Krieg gegen Irak** im Frühjahr 1991 war – entgegen weitverbreiteter Auffassung – völkerrechtlich kein «Kampfeinsatz» der UNO. An diesem Krieg nahmen überhaupt keine UNO-Soldaten teil. In seiner Resolution 660 vom 2. August 1990 stellte der Sicherheitsrat seinerzeit lediglich fest, daß die Besetzung Kuwaits durch irakische Truppen eine «Angriffshandlung» und ein «Bruch des Friedens» gemäß Artikel 39 der Charta war. Am 29. November 1990 ermächtigte der Sicherheitsrat dann mit der Resolution 678 die UNO-Mitgliedsstaaten zum «Einsatz aller erforderlichen Mittel» nach dem 15. Januar 1991, falls der Irak bis zu diesem Datum Kuwait nicht geräumt habe. Ausgeführt wurde der militärische Einsatz schließlich von einer Allianz nationaler Streitkräfte unter Führung der USA.

Die in der bisherigen UNO-Geschichte bei weitem häufigste Form von Militäreinsätzen ist weder in der Charta noch durch Beschlüsse des Sicherheitsrates oder der Generalversammlung definiert: das sogenannte **Peacekeeping**, das heißt die «Friedenswahrung» oder «Friedenserhaltung» durch Stationierung von «Blauhelmen» oder «Blaumützen» der UNO unter der Vorbedingung eines Waffenstillstandes und der Zustimmung der Konfliktparteien. Das Mandat für derartige Einsätze erteilte der Sicherheitsrat jeweils auf Grundlage von Kapitel VI der UNO-Charta über die «friedliche Beilegung von Streitigkeiten». Weitere Grundprinzipien derartiger Einsätze entwickelten sich im Laufe der Jahre quasi als ungeschriebenes **Gewohnheits-Völkerrecht**: der strikte Verzicht auf die Anwendung von Waffengewalt (außer zur Selbstverteidigung) und die Zusammensetzung der UNO-Verbände aus freiwillig bereitgestellten Kontingenten – bevorzugt von blockfreien oder neutralen Mitgliedsstaaten.

Die ersten Peacekeeping-Missionen – zumeist zur Beobachtung oder Überwachung von Waffenstillständen – fanden bereits Ende der vierziger Jahre auf dem Balkan, im Nahen Osten, an der indisch-pakistanischen Grenze sowie in Indonesien statt (nach der Unabhängigkeit des Landes von den Niederlanden). Als eigentliche Geburtsstunde der friedenserhaltenden Maßnahmen gilt allerdings erst die Stationierung der ersten UNO-Truppe (UNEF) zur Überwachung des Waffenstillstandes am Suezkanal 1956. Von den zwischen 1946 und 1990 beschlossenen Peacekeeping-Missionen dauern fünf bis heute an: auf Zypern (UNIFICYP, seit 1964); an der Grenze zwischen Indien und Pakistan (UNMOGIP, seit 1949); sowie im Nahen Osten auf den Golan-Höhen (UNGOF, seit 1974), im Libanon (UNIFIL, seit 1978) und zur Überwachung diverser israelisch-arabischer Waffenstillstandsvereinbarungen (UNTSO, seit 1948).

Acht der elf militärischen Einsätze, die der Sicherheitsrat zwischen April 1991 und Juni 1993 beschloß, sind Peacekeeping-Operationen nach dem klassischen Muster und basieren ausschließlich auf Kapitel VI der UNO-Charta («friedliche Beilegung von Konflikten»). Lediglich die Mandate für die Einsätze in Kambodscha (1993 beendet) sowie in Ex-Jugoslawien (seit Januar 1992) und Somalia (seit Mai 1993) gründete der Sicherheitsrat auf die Feststellung einer «Bedrohung des Friedens». Allein an diesen drei Einsätzen waren bzw. sind seit 1992 mehr als 50 % aller im UNO-Auftrag entsandten Soldaten beteiligt. Dieser Umstand sowie der Verlauf dieser Einsätze haben dazu beigetragen, daß die öffentliche Diskussion über militärische Operationen der UNO inzwischen fast ausschließlich von diesen drei Missionen beherrscht wird.

Diese eingeschränkte Wahrnehmung der politischen Realitäten erleichtert die Behauptung, die klassische Art friedenserhaltender Missionen unter den oben genannten Prinzipien verliere an Bedeutung, und die Unterscheidung zwischen dieser Einsatzform, dem Peaceenforcement (Friedenserzwingung) und eindeutigen Kampfeinsätzen sei historisch überholt. So argumentiert die CDU/CSU in der innenpolitischen Diskussion über die (grund)gesetzliche Regelung künftiger Auslandseinsätze der Bundeswehr nach dem Urteil des Bundesverfassungsgerichts vom Juli 1994. Eine ähnliche Position vertritt die **NATO**, die sich derzeit auf die Übernahme von Aufträgen des UNO-Sicherheitsrates oder der Organisation für Sicherheit und Zusammenarbeit in Europa (OSZE) vorbereitet. Laut einem internen Dokument des NATO-Militärausschusses (MC 327 vom Herbst 1993) sollten alle militärischen Operationen künftig unter der Überschrift der **«Friedensunterstützung»** (peace support) durchgeführt werden und keine Unterscheidungen mehr zwischen verschiedenen Einsatzformen gemacht werden. Nach diesem Vorschlag der NATO-Planer soll während eines Einsatzes die Eskalation militärischer Mittel jederzeit möglich sein. Nach der bereits erfolgten Billigung des Dokuments MC 327 durch die Verteidigungs- und die Außenminister der NATO muß es noch durch die 16 Regierungschefs abgesegnet werden.

In der UNO-Abteilung für Peacekeeping-Operationen (DPKO) im New Yorker Hauptquartier wird derartigen Positionen vehement widersprochen. Peacekeeping-Operationen des Typs «Zypern» seien auch künftig ein ganz wesentliches Instrument zur friedlichen Beilegung von Streitigkeiten. Bei einer Aufgabe der bislang gültigen Prinzipien und Differenzierungen würden Konfliktparteien kaum mehr die Zustimmung zur Entsendung von Blauhelmsoldaten erteilen. Und es würde noch schwieriger als ohnehin schon, von Mitgliedsstaaten Soldaten für UNO-Missionen zu erhalten.

## Probleme des «Peacekeeping»: das Beispiel Bosnien



Schon in der Zeit vor 1990 hatte die UNO mehrfach Schwierigkeiten, die benötigten Truppen, Ausrüstung und Finanzen für eine vom Sicherheitsrat beschlossene Peacekeeping-Operation aufzubieten. In den letzten fünf Jahren haben sich diese Probleme so verschärft, daß die UNO im Bereich des Peacekeeping weitgehend handlungsunfähig geworden ist und noch abhängiger und erpreßbarer durch einige wenige Staaten.

Bei der Aufstellung militärischer Verbände ist die UNO nach wie vor völlig auf die Freiwilligkeit ihrer Mitgliedsstaaten angewiesen. Da bislang Peacekeeping-Operationen der klassischen Art nirgends definiert sind, gibt es auch keine Regelung zur Beschaffung des benötigten Personals. Hinsichtlich **militärischer Einsätze mit Zwangscharakter** nach Kapitel VII der Charta «verpflichten» sich zwar «alle Mitglieder der Vereinten Nationen, zur Wahrung des Friedens und der internationalen Sicherheit dadurch beizutragen, daß sie nach Maßgabe eines oder mehrerer Sonderabkommen dem Sicherheitsrat auf sein Ersuchen Streitkräfte zur Verfügung stellen». Diese Abkommen haben «die Zahl und Art der Streitkräfte, ihren Bereitschaftsgrad, ihren allgemeinen Standort (...) vorzusehen. Die Abkommen werden auf Veranlassung des Sicherheitsrates so bald wie möglich im Verhandlungswege ausgearbeitet» (Artikel 43). Doch bis Oktober 1994 hatte kein einziger Mitgliedsstaat ein derartiges Sonderabkommen mit dem Sicherheitsrat abgeschlossen. So mußte der UNO-Generalsekretär bislang nach jedem Beschluß des Sicherheitsrates erneut auf Betteltour bei den Mitgliedsstaaten gehen. Die Zeitspannen zwischen der Entscheidung des Sicherheitsrates über eine Peacekeeping-Operation und der Stationierung der ersten Blauhelmsoldaten wurden immer länger. Zwischen dem Ratsbeschluß vom 30. Januar 1992 zur Stationierung von

14 000 Soldaten in Kroatien (UNPROFOR) bis zur Stationierung der ersten Blauhelme vergingen zwei Monate. Die letzten der 14 000 UNPROFOR-Soldaten trafen erst Ende Oktober 1992 in Kroatien ein. Während dieser neun Monate kam es noch zu zahlreichen Zwischenfällen und erheblichen Verschärfungen im Verhältnis zwischen Kroaten und Serben. Bei einer rascheren Stationierung der UNPROFOR-Truppe hätte sich dies möglicherweise verhindern lassen.

Das gleiche wiederholte sich nach den Beschlüssen des Sicherheitsrates zur Entsendung von UNO-Soldaten nach Bosnien-Herzegowina (Oktober 1992) und nach Somalia (Au-

**Der Generalsekretär – verzweifelt**

« Als ich 1991 zum Generalsekretär gewählt wurde, dachten wir, die UNO könnte all die Probleme dieser Welt mit ein paar tausend Soldaten lösen. Plötzlich hatten wir statt einer oder zwei 17 Peacekeeping-Operationen zur selben Zeit. Statt ein paar tausend Soldaten benötigen wir inzwischen 70 000; statt 600 Millionen Dollar werden wir 1994 vier Milliarden für das Peacekeeping ausgeben; statt einiger weniger Unfälle pro Jahr kommen jetzt jeden Monat mehrere Blauhelmsoldaten ums Leben. All diese Faktoren schaffen eine Art Verzweiflung und Hoffnungslosigkeit: Warum müssen wir intervenieren? Es herrscht das Gefühl, daß wir nie fertig werden. (...) Die negative Entwicklung in Ruanda war frühzeitig absehbar. Aber zu vorbeugender Diplomatie sind wir nicht in der Lage. Während des Kalten Krieges haben allein die USA täglich eine Milliarde Dollar ausgegeben, um ihre Kampfbomber rund um die Uhr fliegen zu lassen. Aber jetzt sind die UNO-Mitglieder nicht einmal bereit, 50 Millionen Dollar für die Entsendung von Blauhelmsoldaten bereitzustellen, damit ein Konflikt vermieden werden kann. »

UNO-Generalsekretär Boutros-Ghali im *Time*-Magazin vom 1.8.94

gust 1993). Nach der Entscheidung des Sicherheitsrates vom April 1994 zur Aufstellung einer 5500 Mann starken Friedenstruppe für **Ruanda** vergingen zwei Monate, bis die ersten UNO-Soldaten in dem ostafrikanischen Land eintrafen. Bis Jahresende waren gerade 2600 der ursprünglich beschlossenen 5500 UNO-Soldaten in Ruanda stationiert.

Keine andere Militäroperation seit dem Kongo-Einsatz Anfang der sechziger Jahre hat das öffentliche Image von Peacekeeping-Missionen so stark geprägt und war bei den Konfliktparteien wie innerhalb der UNO so umstritten wie die UNPROFOR-Mission in **Bosnien-Herzegowina**. Das ist weniger Ergebnis vermeidbarer Fehler einzelner Soldaten oder ihrer Kommandeure als zwangsläufige Folge politischer Differenzen der Auftraggeber im Sicherheitsrat sowie struktureller und materieller Defizite. Bosnien ist kein Sonderfall. Im Prinzip waren die hier aufgetretenen Probleme – bei allen Unterschieden im Detail – auch bei den UNO-Missionen in Somalia und Ruanda zu beobachten.

Das Mandat des Sicherheitsrates für die UNPROFOR in Bosnien ist erstens unklar und zweitens zu begrenzt. Und drittens verfügt die UNPROFOR oftmals nicht über ausreichende Personal- und Materialresourcen, um wenigstens die klaren Teile ihres begrenzten Mandats umzusetzen. Bosnien-

**100 000 Ruander könnten noch leben**

«Wären wir in der Lage gewesen, gleich nach dem Beschluß des Sicherheitsrates vom 15. April UNO-Soldaten in Ruanda zu stationieren, hätten wir das Leben von mindestens 100 000 Menschen retten können.»

Unter-Generalsekretär Kofi Annan, Leiter der «Abteilung für Peacekeeping-Operationen» (DPKO) in der New Yorker UNO-Zentrale bei einer Pressekonferenz am 6. 9. 94

Herzegowina war zum Zeitpunkt der ersten serbischen Angriffe Anfang April 1992 bereits völkerrechtlich anerkannt und Mitglied der UNO. Doch statt Bosnien entsprechend den Charta-Bestimmungen zu Hilfe zu kommen, sah der Sicherheitsrat diesem Völkerrechtsbruch monatelang tatenlos zu. Anders als der Irak und die Golfregion waren Bosnien und das ganze Ex-Jugoslawien weder für die USA noch für die anderen vier ständigen Ratsmitglieder wichtig genug, um sich militärisch zu engagieren. Zudem wollte nicht nur Serbiens traditioneller Verbündeter Rußland, sondern auch Großbritannien und Frankreich das Regime Milosevic in Belgrad nicht schwächen. Für die beiden westeuropäischen Vormächte war ein starkes Serbien notwendiger «Stabilisierungsfaktor» auf dem Balkan und Gegengewicht zum wiedervereinigten Deutschland, das – so die Wahrnehmung in London und Paris – die Ausweitung seines politischen, wirtschaftlichen und geostrategischen Einflusses in Südosteuropa verfolge. Verursacht wurde diese Einschätzung durch die Art, wie Bundesaußenminister Hans-Dietrich Genscher mit Rückendeckung von Kanzler Helmut Kohl im Jahr 1991 die Anerkennung Sloweniens und Kroatiens betrieb und schließlich gegen die elf Partner in der EU durchsetzte. Bis heute ist die britische Balkanpolitik und zu einem geringeren Maße auch die französische von dieser Erfahrung bestimmt.

Unter dem Druck der Öffentlichkeit und angesichts des drohenden Winters beschloß der Sicherheitsrat dann im Herbst 1992 die Entsendung von UNPROFOR-Truppen nach Bosnien mit einem ausschließlich humanitären Auftrag. Sie sollten Hilfskonvois für die notleidende Bevölkerung begleiten und notfalls durchsetzen sowie Hilfsgüter nach Sarajevo und anderen Städten fliegen, die die Serben von sämtlichen Landversorgungslinien abgeschnitten hatten. Im Mai 1993 wurde der Auftrag der UNPROFOR auf die Überwachung der sechs vom Sicherheitsrat festgelegten **«Schutzzonen»** ausgeweitet.

Die Begleitung von **Hilfskonvois** durch ein Land, in dem weiter gekämpft wird, ist ein anderer Auftrag und potentiell eskalationsträchtiger als zum Beispiel die Überwachung der Waffenstillstandslinie auf Zypern. Die ursprüngliche Zustimmung aller drei bosnischen Konfliktparteien zur Entsendung der UNPROFOR-Soldaten vom Herbst 1992 war schon sehr bald keine verläßliche Grundlage mehr. Von Anfang an blockierten serbische Truppen, ab Frühjahr 1993 auch kroatische Milizen immer wieder die Hilfskonvois. Die Einsatzvorschriften (Rules of Engagement) der UNPROFOR im Fall von Behinderungen, Angriffen usw. sind sehr unpräzise und lassen den Befehlshabern viel Interpretationsspielraum. Der kanadische General McKenzie, erster Oberkommandierender der UNPROFOR in Bosnien, verordnete seinen Truppen «robustes Auftreten». Stießen die UNO-Soldaten bei der Begleitung eines humanitären Hilfskonvois auf eine Straßenblockade, sollten sie auf ihren gepanzerten Fahrzeugen bleiben, den Motor anlassen, den Anführer der Blockierer herbeiordern und ihm unter Androhung eines gewaltsamen Durchbruchs eine kurze Frist zur Räumung der Straße setzen. Auf diese Weise wurden unter McKenzies Oberkommando bis Ende 1992 fast sämtliche Hilfskonvois durchgesetzt – ohne daß ein UNPROFOR-Soldat einen einzigen Schuß abfeuerte. McKenzies französischer Nachfolger General Morrillon, der sich später gerne als «Held von Srebenica» feiern ließ, gab seinen Soldaten eine andere Order: bei Blockaden von den Fahrzeugen absitzen, Motor abstellen und mit den Blockierern über eine Räumung der Straße verhandeln. Blieben die Verhandlungen ohne Ergebnis, sollte der Hilfskonvoi nebst UNPROFOR-Begleitung ins Ausgangslager zurückkehren. Die serbischen und kroatischen Blockierer gewöhnten sich schnell an das neue, konziliante Auftreten der UNPROFOR. Ab Februar 1993 erreichten immer weniger Hilfskonvois ihr Ziel. Als serbische Truppen zusätzlich auch noch den Flugplatz in Tuzla sowie zeitweise auch den von Sarajevo durch Beschuß oder entsprechende Drohungen stillegten, kam es im Laufe des Jahres 1993 zu dramatischen Versorgungsengpässen und Hungersnöten in den überwiegend von Muslimen bewohnten Regionen Bosniens.

Im Oktober 1992 bereiste Polens ehemaliger Premierminister Tadeusz Mazowiecki Bosnien, nachdem er zum Sonderberichterstatter über die Lage der Menschenrechte in Ex-Jugoslawien ernannt worden war. Im Auftrag der UNO-Menschenrechtskommission in Genf sollte Mazowiecki Berichten über vor allem von Serben geführte **Internierungslager** nachgehen. Im August 1992 waren erschütternde Fernsehbilder ausgemergelter Lagerinsassen um die Welt gegangen. Es gab Berichte über Folter, Hinrichtungen und Massenvergewaltigungen, begangen an bis zu 60000 meist muslimischen Frauen. Häufig wurden damals in der Öffentlichkeit Vergleiche zu den Konzentrationslagern der Nazis gezogen. Eine Vor-Ort-Überprüfung dieser Berichte durch Personen mit einem offiziellen Untersuchungsmandat der UNO wäre von größter Bedeutung gewesen. Nicht zuletzt mit Blick auf die inzwischen angelaufenen Verfahren vor dem internationalen Kriegsverbrechertribunal in Den Haag.

Doch der UNO-Sonderberichterstatter kam nicht einmal in die Nähe der allermeisten dieser Lager. Überall in Bosnien-Herzegowina fanden im Herbst 1992 bewaffnete Auseinandersetzungen statt. Auf den Straßen, die zu den Lagerorten führten, gab es immer wieder Artillerieüberfälle. Doch die UNPROFOR sah sich nicht in der Lage, dem UNO-Sonderberichterstatter und seinem Expertenteam auch nur ein einziges gepanzertes Fahrzeug oder gar bewaffneten Begleitschutz zur Verfügung zu stellen. «Wir haben nicht genug Fahrzeuge und Personal», hieß es zur Begründung im Zagreber Hauptquartier der UNPROFOR. Mazowiecki sagte daraufhin fast alle seine geplanten Lagerbesuche ab. In zwei Fällen, in denen er sich in einem normalen Pkw und ohne UNPROFOR-Unterstützung bis zum Lagereingang durchschlagen konnte, verweigerte ihm der serbische Lagerkommandant den Zutritt. Bald danach wurden die meisten Lager aufgelöst und alle Spuren beseitigt. Wegen mangelnder Unterstützung durch die UNPROFOR scheiterten auch die zahlreichen Bemühungen des UNO-Sonderberichterstatters ebenso wie der (von November 1992 bis Mai 1994 existierenden) UNO-Expertenkommission zur Untersuchung der Kriegsverbrechen in Ex-Jugoslawien, die Massengräber bei Vukovar zu öffen. In dieser ostkroatischen Stadt, die bei den Angriffen der serbisch dominierten Jugoslawischen Volksarmee im Herbst 1991 fast völlig zerstört wurde, fand wahrscheinlich eines der größten Massaker an Zivilisten statt.

Seit Beginn des Bosnien-Krieges durch die Raketenangriffe serbischer Truppen auf **Sarajevo** Anfang April 1992 forderten in erster Linie die Länder des Südens unter den 15 Mitgliedern des Sicherheitsrates immer wieder entschiedenere Maßnahmen der UNO zur Beendigung der Aggression, zumindest aber zum Schutz der Zivilbevölkerung. Diese Forderungen scheiterten an den ständigen Ratsmitgliedern Rußland, Großbritannien und Frankreich. Für die USA war der Bosnien-Krieg nicht wichtig genug, um deswegen einen ernsthaften Konflikt mit Rußland oder den beiden westlichen Verbündeten zu riskieren.

Wegen der anhaltenden Belagerung Sarajevos sowie fünf weiterer, überwiegend muslimisch bewohnter Städte durch serbische Truppen, die größte Aufmerksamkeit in den internationalen Medien fand, sah sich der UNO-Sicherheitsrat im Mai 1993 schließlich genötigt, diese sechs Städte zu **«Schutzzonen»** zu erklären. Militärische Aktivitäten sowie die Stationierung schwerer Waffen innerhalb dieser Zonen waren fortan verboten. Zunächst wurde dieser Beschluß auch von der Regierung in Sarajevo interpretiert als Zeichen größerer Entschiedenheit der fünf ständigen Mitglieder des Sicherheitsrates, der serbischen Aggression Einhalt zu gebieten.

Doch diese Einschätzung wich sehr bald der Erkenntnis, daß der «Schutzzonen»-Beschluß nur eine Alibifunktion hatte. Dies hat die Glaubwürdigkeit der UNO nicht nur in Bosnien und in der islamischen Welt weiter untergraben. Der Sicherheitsrat hatte die UNPROFOR mit der Überwachung der «Schutzzonen» beauftragt. Doch wie dies zu geschehen hatte, überließ er wiederum weitgehend der Interpretation des UNPROFOR-Oberbefehlshabers in Bosnien. Dieser Posten war von Beginn an mit Generälen aus NATO-Staaten besetzt: einem Kanadier, Franzosen, Belgier und seit Januar 1994 nacheinander mit zwei Briten.

Von diesen UNPROFOR-Befehlshabern erweckte insbesondere der britische General **Michael Rose** nicht nur bei der muslimisch-kroatischen Bevölkerung Bosniens, sondern auch in Washington und bei zahlreichen unabhängigen Beobachtern den Eindruck, er schone bewußt die serbischen Aggressoren – selbst bei klaren Verletzungen der UNO-«Schutzzonen». So verzichtete Rose in zahlreichen Fällen auf die Anforderung von NATO-Luftangriffen – selbst wenn UNPROFOR-Einheiten, die die Verletzung vor Ort registrierten, Unterstützung durch die NATO empfahlen. Im November 1994 ließ Rose selbst schwere Verstöße gegen das seit 1992 vom Sicherheitsrat verhängte militärische Flugverbot zu (durch serbische Luftangriffe auf die UNO-«Schutzzone» **Bihac**)

Dem Grundsatzbeschluß der NATO, der UNPROFOR Luftunterstützung anzubieten, hatten – nach anfänglichen Bedenken wegen einer möglichen Gefährdung ihrer UNPROFOR-Soldaten – auch die Regierungen in London, Paris und Ottawa zugestimmt. Es besteht jedoch der begründete Verdacht, zumindest die Regierung in London habe nur zugestimmt, weil sie sich darauf verlassen konnte, daß die von ihr entsandten UNPROFOR-Oberbefehlshaber von dem NATO-Angebot kaum Gebrauch machen würden. Der breiten Öffentlichkeit blieben diese wesentlichen Feinheiten allerdings zumeist verborgen. In den Medien war in der Regel von einer Kontroverse zwischen einer handlungsbereiten NATO und einer zögerlichen UNO die Rede. Die Tatsache, daß die wichtigsten Entscheidungsträger in beiden Institutionen dieselben sind, fiel dabei unter den Tisch.

## Finanzieller Bankrott, Korruption und sexuelle Diskriminierung

Die Zunahme von Zahl und Personalumfang militärischer Operationen hat wesentlich zu den erheblichen Kostensteigerungen des UNO-Systems beigetragen. Zwischen 1991 und 1994 wuchsen die Kosten im Peacekeeping-Bereich von 600 Millionen auf 4 Milliarden US-Dollar jährlich. Diese Kostensteigerungen haben das Finanzproblem der Vereinten Nationen noch erheblich verschärft.

Der Grund für die Finanzkrise ist ein eminent politischer: die mangelnde Bereitschaft fast aller 184 Mitgliedsstaaten, mehr Geld für die UNO aufzuwenden, sowie die schlechte Zahlungsmoral von rund zwei Dritteln aller Mitglieder. Wobei die Zurückhaltung von Pflichtbeiträgen gerade durch reiche westliche Staaten wie die USA oder Großbritannien in den letzten 30 Jahren keinesfalls aus Zahlungsunfähigkeit, sondern gezielt erfolgte. Entscheidungen, bei denen Washington und London in der Generalversammlung unterlegen waren, wurden so nachträglich sabotiert und die Umsetzung beschlossener Programme teilweise oder ganz verhindert.

Die Glaubwürdigkeit der UNO, bei der zur Zeit über 120 000 Zivilisten und Soldaten beschäftigt sind, wird zusätzlich zu den offensichtlichen politischen Problemen auch durch zahlreiche Mißstände beschädigt, die als «intern» gelten und öffentlicher Aufmerksamkeit und Kritik möglichst vorenthalten werden sollen: Korruption und Vetternwirtschaft; wuchernde Bürokratie zumindest in einigen Arbeitsbereichen; schlechte Kommunikation und Koordination. Dazu kommen die auffällige Diskriminierung von Frauen innerhalb des UNO-Systems, die in klarem Widerspruch zur UNO-Charta steht, sowie der eklatante Mangel an verläßlichen Instrumenten zum Schutz weiblicher UNO-Beschäftigter vor sexueller Belästigung und anderen Formen des

## Ist die UNO pleite?

Wäre die UNO ein kommerzielles Unternehmen, hätte sie im Herbst 1994 Konkurs anmelden müssen. Im September fehlten in den UNO-Kassen 3,2 Milliarden US-Dollar allein für das laufende Jahr. 70 von 184 Mitgliedsstaaten hatten zu diesem Zeitpunkt noch keinen Cent ihrer eigentlich schon zum 31. Januar fälligen Pflichtbeiträge an den regulären UNO-Haushalt und das Peacekeeping-Budget bezahlt. 58 Staaten hatten wenigstens Teilbeträge überwiesen. Und nur 56 Länder hatten ihre Beiträge für 1994 voll entrichtet. Größter Einzelschuldner waren die USA mit knapp 1,5 Milliarden Dollar.
Zu den 3,2 Milliarden Dollar für 1994 kamen noch mehrere hundert Millionen Außenstände aus Vorjahren. Auch hiervon entfiel der größte Teil auf die USA. Wegen der maroden Kassenlage war die UNO ihrerseits mit einer Milliarde Dollar bei Mitgliedsstaaten verschuldet, die der UNO über ihre Pflichtbeiträge hinaus in den letzten Jahren Geld für Peacekeeping-Operationen geliehen hatten. Zusätzlich stand die UNO mit 400 Millionen Dollar bei Privatfirmen in der Kreide, bei denen sie Ausrüstungsgegenstände und Hilfsgüter für humanitäre Operationen eingekauft hatte.

Zahlen aus dem Bericht von UNO-Generalsekretär Boutros-Ghali vor der Generalversammlung vom 12.10.94

Mißbrauchs und der Benachteiligung durch männliche Vorgesetzte. Zum Amtsantritt im Januar 92 hatte Generalsekretär Boutros-Ghali versprochen, den Anteil von Frauen auf mittleren und höheren UNO-Posten bis zum Jubiläumsjahr 1995 auf 35% zu erhöhen. Doch er liegt immer noch unter 10%. Wurden Fälle sexueller Übergriffe trotz aller Vertuschungsversuche doch öffentlich bekannt, verweigerte die UNO-Spitze den betroffenen Frauen eine angemessene interne Untersuchung, verhinderte unter Hinweis auf die «Immunität» der männlichen Täter Verfahren vor ordentlichen Gerichten. In keinem einzigen Fall wurde bislang ein UNO-Mitarbeiter wegen sexueller Belästigung und Übergriffen bestraft oder wurde von der UNO-Spitze auch nur offiziell anerkannt, daß entsprechende Verfehlungen stattgefunden haben.

**Fazit**

Zentrales Problem der UNO ist die tiefe wirtschaftliche und soziale Kluft zwischen ihren Mitgliedsstaaten aus dem Norden und aus dem Süden. Die noch in den siebziger Jahren große Hoffnung des Südens, die UNO werde zur Überwindung dieser globalen Kluft beitragen, ist inzwischen tiefer Enttäuschung gewichen. Statt dessen spiegelt sich die Kluft immer stärker auch in den Strukturen des UNO-Systems wider. Die Gremien und Organe, in denen die Länder des Südens stark vertreten sind, besitzen keine Entscheidungsgewalt in den für sie relevanten Wirtschafts-, Sozial- und Entwicklungsfragen. In den Institutionen, in denen diese Fragen behandelt und entschieden werden, hat der Süden überhaupt keinen oder nur marginalen Einfluß. Die latente Finanzkrise der UNO – begründet in der Weigerung der Mitglieder, mehr zu zahlen oder zumindest ihre Pflichtbeiträge pünktlich zu entrichten – hat sich durch die starke Ausweitung der Peacekeeping-Operationen seit 1991 dramatisch verschärft. Die wachsende Unzufriedenheit vieler Mitglieder mit der UNO äußert sich öffentlich am häufigsten in Form von Kritik an den undemokratischen Verhältnissen im Sicherheitsrat und der Dominanz der USA in diesem Gremium.

# Politische Reformen sind unerläßlich

Die Zukunft des UNO-Systems hängt ab von seiner umfassenden Reform. Vorschläge für rein organisatorische Neustrukturierungen der UNO gab es seit den fünfziger Jahren häufiger. Generalsekretär Boutros-Ghali bemüht sich seit 1992 um effektivere Abläufe im Apparat des New Yorker Hauptquartiers. Solche Reformen sind wichtig, doch sie allein werden nicht ausreichen, um längerfristig das Überleben der UNO zu sichern. Unerläßlich sind politische Reformen: eine Demokratisierung durch Neugewichtung des inneren Machtgefüges der Weltorganisation zugunsten des Südens sowie durch eine stärkere Beteiligung von Nichtregierungsorganisationen; mehr verbindliche Kompetenzen der UNO im Bereich von Wirtschafts-, Entwicklungs- und Sozialfragen. Die Abwärtsdynamik stetig sinkender Glaubwürdigkeit und immer geringerer materieller Ressourcen läßt für diese Reformen nicht mehr allzu viel Zeit.

Skeptiker halten politische Reformen der UNO, bei der die ständigen Mitglieder des Sicherheitsrats Privilegien abzuge-

**UNO oder Anarchie?**

« Wenn es nicht gelingt, die UNO als Sicherheitsinstrument zu stärken, zerfällt dieser Planet in totale Anarchie – oder die USA haben die Verantwortung zu übernehmen. Ich bevorzuge die UNO-Variante. »

Ingvar Carlsson, schwedischer Premierminister und Vorsitzender der internationalen Kommission zur Reform der UNO in einem Interview mit der Berner Zeitung *Der Bund* am 1.5.93

ben hätten, für eine Illusion. Eine Organisation wie die UNO oder ihr Vorgänger Völkerbund könne nie mehr sein als ein Spiegel der realen internationalen Machtverhältnisse. Einige Beobachter halten nach dem Ende des globalen Ost-West-Gefüges auch **das Ende der UNO** für historisch zwangsläufig. Droht beim Ausbleiben einer politischen Reform der UNO der Rückfall in das Chaos völlig ungeregelter zwischenstaatlicher Beziehungen, wie nach dem Zusammenbruch des Völkerbundes?

Die meisten Veränderungsvorschläge, die bislang veröffentlicht wurden, beziehen sich auf Einzelaspekte. Nicht selten geben dabei Mitgliedsstaaten ihr eng definiertes nationales Eigeninteresse – zum Beispiel das Streben nach einem ständigen Sitz im Sicherheitsrat – schon als «Reformvorhaben» aus. Im Januar 1995 legte die internationale **«Carlsson-Kommission»** ein Reformkonzept vor. Es formuliert politische Grundsätze, macht allerdings keine konkreten Vorschläge für die Neustrukturierung der UNO-Institutionen. Zu der 1991 in Stockholm gebildeten 28köpfigen Kommission unter Vorsitz des schwedischen Premierministers Ingvar Carlsson gehören neben anderen Persönlichkeiten der internationalen Politik die Flüchtlingshochkommissarin der UNO, Sadako Ogata, Friedensnobelpreisträger Oskar Arias, Rußlands Botschafter in Washington Juri Vorontsov sowie der ehemalige Präsident der EU-Kommission Jacques Delors.

Eine der bislang gründlichsten Analysen des derzeitigen Zustands der UNO nebst umfangreichen und detaillierten Reformvorschlägen veröffentlichten der Ire Erskin Childers und der Brite Brian Urqhart im Mai 1994 in ihrem Buch *Renewing the United Nations* (Development Dialogue, Dag Hammarskjöld Foundation, Uppsala; liegt bisher nur in englischer Fassung vor). Childers arbeitete bis 1989 22 Jahre lang in zahlreichen UNO-Organisationen, zuletzt als Chefberater des UNO-Generaldirektors für Entwicklung und internationale wirtschaftliche Zusammenarbeit. Urquhart war von 1974 bis 1986 Unter-Generalsekretär der UNO für politische Angelegenheiten und zuvor seit Gründung der Vereinten Nationen im Jahr 1945 als enger Mitarbeiter der Generalsekretäre zuständig für Fragen der Sicherheit und der Erhaltung des Friedens. Zahlreiche Reformvorschläge nebst ausführlicher Begründung enthält ein Antrag zur «Aufwertung und Demokratisierung der Vereinten Nationen», den das **Bündnis 90/Die Grünen** im September 1993 im Deutschen Bundestag einbrachte (Bundestagsdrucksache 12/5728 v. 22.9.93). Eine Sammlung interessanter, teils sehr widersprüchlicher Analysen und Reformvorschläge findet sich auch im Sonderheft «Vereinte Nationen» der Zeitschrift *der überblick*, September 1994.

## Mehr Kompetenzen in Wirtschafts-, Sozial- und Entwicklungsfragen

Unter dem Stichwort Reform ist nichts dringender als die Reorganisation und Stärkung der Handlungsfähigkeit des UNO-Systems in globalen Wirtschafts-, Entwicklungs-, Sozial- und Umweltfragen. Zwar haben die UNO und ihre Spezial- und Sonderorganisationen durch zahlreiche Konferenzen und Untersuchungen wesentlich zur Bestandsaufnahme und Analyse globaler Probleme und ihrer Ursachen beigetragen. In vielen Fällen wurden auch konkrete Lösungsvorschläge entwickelt. Doch zur Umsetzung dieser Lösungen fehlen der UNO zumeist die Kompetenzen und Mittel, die ihr in der Charta ursprünglich zugewiesen wurden. Eine handlungsfähige UNO auf den Feldern der globalen Wirtschaft, Entwicklung und Umwelt wäre zentrale Voraussetzung für erfolgreichere Bemühungen um Frieden und Sicherheit und ein menschenwürdiges Dasein für alle

Bewohner dieser Erde. Das schmälert nicht die Bedeutung friedensschaffender oder -erhaltender Maßnahmen mit militärischen Mitteln sowie von Hilfsleistungen in humanitären Notlagen, die durch Konflikte und Kriege verursacht werden. In diese beiden Bereiche sind in den letzten fünf Jahren jedoch mehr materielle und personelle Ressourcen der UNO geflossen als in den 45 Jahren zuvor – oftmals mit zweifelhaftem Erfolg und zu Lasten der Aufwendungen für andere Aufgaben der Weltorganisation. Im Haushaltsjahr 1992 wurden von jedem US-Dollar 39 Cent für militärisches Peacekeeping und für humanitäre Notfallhilfe aufgewendet. Infolge des enormen Kostenanstiegs auf rund vier Milliarden Dollar allein für die Peacekeeping-Operationen waren es 1994 bereits mindestens 50 Cent.

**«Im Zustand starker Trunkenheit»**

« Sollten einigermaßen kompetente Regierungsbeamte heute einen UNO-Apparat für Entwicklungshilfe schaffen, dann könnten sie nur im Zustand starker Trunkenheit das empfehlen, was die Regierungen tatsächlich geschaffen haben: fünf völlig getrennte Fonds, die nur 2,5 Milliarden Dollar im Jahr unter vier Milliarden Menschen im Süden verteilen und häufig auch noch in den gleichen Bereichen tätig sind. (...) Dieses törichte Herumwursteln sollte aufhören. Der Apparat sollte gemäß dem Prinzip der Subsidiarität völlig umstrukturiert werden. In jedem Empfängerland sollte es nur ein UNO-Büro geben. Das ganze Verwaltungspersonal für Regionalprogramme und Hilfsprojekte, das zur Zeit in Hauptstädten des Nordens ansässig ist – also möglichst weit weg von den Menschen, denen Hilfe geleistet werden soll –, sollte in völlig neuorganisierten UNO-Regionalkommissionen zusammengefaßt werden. »

Erskin Childers / Brian Urqhart in ihrem Buch *Renewing the United Nations*, Uppsala 1994

Die Bereitschaft der Mitgliedsstaaten, der UNO weiterhin in diesem oder in noch größerem Ausmaß Ressourcen für militärisches Peacekeeping und humanitäre Notfallhilfe zur Verfügung zu stellen, läßt deutlich nach. Doch selbst wenn die Mittel für derartige Maßnahmen weiterhin beträchtlich erhöht werden könnten: Konflikte lassen sich damit weder verhindern noch unter Kontrolle halten, und die Folgen ihres gewalttätigen Ausbruchs lassen sich zumeist nur geringfügig lindern. Die Chance zur Verhütung und Entschärfung von Konflikten liegt einzig in verstärkten Anstrengungen zur nachhaltigen Entwicklung und zur Überwindung des globalen Ungleichgewichts zwischen Nord und Süd.

Der **Wirtschafts- und Sozialrat der UNO (ECOSOC)** in seiner bestehenden Form kann dies nicht leisten. Die ihm einst in der Charta zugewiesene Funktion einer zentralen Koordinations- und Regulierungsinstanz im Bereich von Weltwirtschaft, Umwelt und Entwicklung hat der ECOSOC zu keinem Zeitpunkt erfüllt. Weder der ECOSOC und die ihm zugeordneten Spezialorganisationen, wie UNCTAD, UNDP oder UNEP, noch die in diesen Bereichen arbeitenden Sonderorganisationen des UNO-Systems haben effektive Beiträge zur Bekämpfung des Nord-Süd-Gefälles und der globalen Umweltzerstörung leisten können. Die Ursache hierfür sehen Erskin Childers und andere Reformbefürworter in erster Linie in der Verlagerung aller für die Weltwirtschaft und die Entwicklung relevanten Kompetenzen und Entscheidungen in die von den nördlichen Industriestaaten dominierten Institutionen Weltbank, Internationaler Währungsfonds und GATT. Die Generalversammlung oder andere Organe der UNO verfügen in diesen Institutionen über keinerlei Einfluß oder Kontrolle. Die Kritik an diesem Zustand wird inzwischen auch von UNO-Diplomaten und Politikern zumindest aus kleineren Industriestaaten des Nordens wie Schweden oder den Niederlanden geteilt.

Childers und andere schlagen vor, endlich die bereits bei der UNO-Gründung vorgesehene **«Internationale Handelsorganisation» (ITO)** zu etablieren. Nach der bereits 1945 fertiggestellten Satzung sollte die ITO als integrale, von der Generalversammlung zu kontrollierende Institution der UNO wesentliche Kompetenzen in Fragen des Handels, der Weltwirtschaft sowie – in Zusammenarbeit mit IWF und Weltbank – der Währungspolitik erhalten. Doch weil die USA die Satzung ablehnten, wurde die ITO schließlich nicht gegründet.



Die **Welthandelsorganisation (WTO)**, die Anfang 1995 in Nachfolge des GATT ihre Arbeit aufgenommen hat, befindet sich bislang völlig außerhalb des UNO-Systems. Basis der WTO ist das Welthandels-Abkommen der Uruguay-Runde

**Machtloser ECOSOC**

«Der ECOSOC wurde gegründet, um die weitreichenden Bestimmungen der UNO-Charta zur Förderung internationaler Zusammenarbeit in Wirtschafts- und Sozialfragen umzusetzen. Aber im Gegensatz zum Sicherheitsrat beschränken sich die Kompetenzen des ECOSOC weitgehend auf Empfehlungen. Ursache hierfür ist die Entscheidung großer westlicher Mächte, Wirtschafts- und Finanzfragen in den Bretton-Woods-Institutionen Weltbank, Währungsfonds und GATT zu beraten und zu entscheiden. Die Schaffung der ‹G-7› durch die selbsternannten führenden Wirtschaftsmächte hat zusätzlich zur heutigen Bedeutungslosigkeit des ECOSOC beigetragen. Ziel einer Reform muß sein, daß Staaten aus allen Weltregionen an den Beratungen und Entscheidungen teilnehmen können, die heute in der ‹G-7› stattfinden.»

Johan Kaufmann, ehemaliger UNO-Botschafter der Niederlande im *South Letter*, herausgegeben vom South Centre in Genf, Herbst 1993 des GATT vom Dezember 1993. Dieses Abkommen beinhaltet Handelserleichterungen und Marktöffnungen, von denen überwiegend die drei Wirtschaftsblöcke Europäische Union, Nordamerika und Japan profitieren. Das strukturelle Ungleichgewicht wird so noch weiter zugunsten des Nordens verschoben. Selbst nach Analysen der «Organisation für wirtschaftliche Zusammenarbeit und Entwicklung» (OECD), der 24 westliche Industriestaaten angehören, wird weniger als ein Drittel der erwarteten zusätzlichen weltweiten Handelseinkünfte in die rund 140 Länder des Südens fließen.

Der Begriff «Umwelt» kommt in der Charta von 1945 noch nicht vor. Aktivitäten der UNO in diesem Bereich begannen erst mit Gründung des **UNO-Umweltprogramms (UNEP)** Anfang der siebziger Jahre. Die Lage ist hier ähnlich wie im Bereich Wirtschaft und Entwicklung. Das UNO-Umweltprogramm konnte bis heute nicht zu einem effektiven Instrument zur Lösung globaler ökologischer Probleme entwickelt werden. Das UNEP hat keine eigenen Rechtssetzungskompetenzen und somit nicht die Befugnis, selbständig Umweltkonventionen zu initiieren. Die Organisation verfügt nicht einmal über ein eigenes Budget. Sie ist abhängig von freiwilligen Zahlungen der Mitgliedsstaaten in den UNO-Umweltfonds (UNEF). Unter diesen Bedingungen kann das UNEP auch nicht die Funktion einer Instanz zur Durchsetzung bereits vereinbarter Umweltkonventionen bzw. zur Überwachung ihrer Einhaltung erfüllen. Auch deswegen sind die Beschlüsse des «Umwelt- und Entwicklungsgipfels» (UNCED) in Rio 1992 zum Schutz von Klima, Wäldern und biologischer Artenvielfalt bis heute weitgehend Makulatur geblieben.

Eine Veränderung dieser Situation ist möglicherweise noch schwieriger als bei den Wirtschafts- und Entwicklungsfragen. Zwar zeigt ein Blick auf die globalen Vergleichsdaten auch im Umweltbereich ein deutliches Nord-Süd-Gefälle – sei es beim Energieverbrauch, bei der Erzeugung von Abfall und insbesondere von Giftmüll oder bei der Verseuchung von Böden. Doch an der anhaltenden Schwäche der UNO im Umweltbereich ist eine Koalition von Mitgliedsstaaten aus Nord und Süd interessiert. Die einen – allen voran die USA – befürchten, bei effektiven Maßnahmen zum Schutz der Umwelt und zur Einsparung fossiler Energien den verschwenderischen Lebensstil ihrer Bevölkerung einschränken zu müssen. Die anderen – zum Beispiel Malaysia, Indonesien oder China – sehen in Forderungen nach Umweltschutzmaßnahmen den Versuch, ihre wirtschaftliche Entwicklung zu behindern. Sehr deutlich wird die Nord-Süd-Koalition bei den Verursachern des Treibhauseffekts (siehe Kasten). Wobei in diesem Fall zu den Gegnern effektiver Umweltschutzmaßnahmen noch Saudi-Arabien und andere arabische Erdölstaaten gehören, die um ihre Exporteinnahmen fürchten.

Der Forderung, den Begriff der «Sicherheit» auf den wirtschaftlichen, ökologischen und sozialen Bereich auszuweiten, wird heute nicht mehr ernsthaft widersprochen. Doch im Zusammenhang der UNO-Reformdebatte könnte diese neue Definition als Vorwand dienen für eine Verlagerung weiterer



**Wer ist schuld am Treibhauseffekt?**

Anteil am weltweiten Ausstoß von «Treibhausgasen» ($CO_2$, Methan, FCKW) in Prozent:

| | |
|---|---|
| USA | 19,1 |
| ehem. Sowjetunion | 13,6 |
| China | 9,9 |
| Japan | 5,1 |
| Brasilien | 4,3 |
| Deutschland | 3,8 |
| Indien | 3,7 |
| Großbritannien | 2,4 |

Zuständigkeiten auf den Sicherheitsrat. Diese Befürchtung formuliert das Bündnis 90/Grüne in seinem Antrag zur «Aufwertung und Demokratisierung der Vereinten Nationen». Die Partei plädiert deshalb für die Aufwertung und Reform des ECOSOC zu einem «demokratischen Weltwirtschafts-, Sozial- und Umweltrat, der in seiner Bedeutung und Kompetenz dem Sicherheitsrat gleichkommt». Der ECOSOC solle das Recht erhalten, den Sonder- und Spezialorganisationen, die in den Bereichen Wirtschaft, Sozialpolitik und Ökologie arbeiten, verbindliche Empfehlungen und auch Anweisungen zu erteilen. Außerdem bedürfe es einer engen Anbindung von Weltbank, IWF und Welthandelsorganisation an das ECOSOC. Diese Strukturreformen erhöhten die Chancen für eine Umsetzung der Beschlüsse des «Umwelt- und Entwicklungsgipfels» in Rio de Janeiro vom Juni 1992.

## Der Sicherheitsrat: «Deutschland und Japan plus drei» ist noch keine Reform

Ausnahmslos sämtliche vorliegenden Reformvorschläge formulieren deutliche Kritik am Status quo des Sicherheitsrates und fordern Veränderungen. Auch in der öffentlichen Diskussion zur UNO-Reform spielt dieses Thema – bislang jedenfalls – die größte Rolle. Die allermeisten UNO-Mitgliedsstaaten halten die Zusammensetzung des Sicherheitsrates und die **Privilegien der fünf Mächte** USA, Rußland, China, Frankreich und Großbritannien (ständige Mitgliedschaft, Vetorecht) für undemokratisch und anachronistisch. Diese Kritik kam nicht erst seit dem Ende der globalen Blockkonfrontation zwischen Ost und West auf. Bereits gegen die Festschreibung der Großmacht-Privilegien in der Charta gab es auf der UNO-Gründungskonferenz 1945 vehementen Protest auch kleinerer Staaten aus dem «westlichen» Lager wie Belgien, die Niederlande, Norwegen, Australien und Neuseeland. Schon bald nach dem ersten Entkolonialisierungsschub forderten die neuen Mitglieder der UNO aus Afrika und Asien unter Führung des indonesischen Präsidenten Sukarno in den sechziger Jahren eine grundlegende Umgestaltung dieser «sogenannten Weltorganisation», die sie als «Werkzeug des US-Imperialismus» sahen. Zugleich erwogen sie die Gründung einer «Organisation der neu entstehenden Staaten», einer Gegen-UNO.

In den siebziger und achtziger Jahren war die Kritik am Sicherheitsrat weniger virulent. Die Volksrepublik China, die 1971 den Sitz Taiwans im Sicherheitsrat eingenommen hatte, und teilweise auch die Sowjetunion vertraten die Interessen der Mehrheit der Generalversammlung. Seit dem Ende der Ost-West-Blockkonfrontation hat sich die Kritik am Sicherheitsrat jedoch wieder erheblich zugespitzt. Die dominante Rolle, die der Rat und in ihm die USA inzwischen spielt, läßt viele UNO-Staaten ihre Macht- und Einflußlosigkeit als einfache Mitglieder der Generalversammlung wieder sehr deutlich spüren.

Jegliche Veränderung am Status quo der Zusammensetzung des Sicherheitsrates oder ein Abbau der Privilegien seiner derzeitigen fünf ständigen Mitglieder erfordert eine **Veränderung der Charta**. Laut Artikel 108 und 109 kann eine Revision des UNO-Gründungsdokuments nur vorgenommen werden durch eine eigens zu diesem Zweck einberufene «Allgemeine Konferenz der Mitglieder der Vereinten Nationen». Dazu sind die Stimmen von mindestens zwei Dritteln aller UNO-Staaten (also derzeit 122 von 184) sowie von neun beliebigen Mitgliedern des Sicherheitsrates erforderlich. Der eigentlichen Veränderung der Charta müssen auf dieser Konferenz dann ebenfalls zwei Drittel aller UNO-Staaten sowie alle ständigen Mitglieder des Sicherheitsrates zustimmen. Die

USA, Rußland, China, Großbritannien und Frankreich haben also die Möglichkeit, gegen einen Abbau ihrer Privilegien ein Veto einzulegen – selbst wenn sämtliche anderen UNO-Staaten diese Änderung fordern sollten.

In den ersten 50 UNO-Jahren kamen überhaupt nur zweimal die erforderlichen Mehrheiten für eine Revision der Charta zustande. Beide Veränderungen waren Folge der Entkolonialisierung und des UNO-Beitritts zahlreicher neuer Staaten, womit 1945 niemand gerechnet hatte. 1963 wurde durch Veränderung der Artikel 23 und 27 die Mitgliederzahl des Sicherheitsrates von elf auf 15 und die Zahl der für Beschlüsse dieses Gremiums erforderlichen Jastimmen von sieben auf neun erhöht. Die Bestimmungen zur Veränderung der Charta (Artikel 109) wurden dann 1965 der neuen Situation im Sicherheitsrat angepaßt. Zudem wurde 1963 durch Veränderung von Artikel 61 die Mitgliederzahl im Wirtschafts- und Sozialrat (ECOSOC) von 18 auf zunächst 27 Staaten erhöht und dann 1971 noch einmal auf 54 Staaten verdoppelt.

Die erheblichen Hürden, die vor einer Revision der Charta stehen, führen selbst einige radikale Kritiker der Fünf-Mächte-Privilegien zu der Einschätzung, Änderungen der UNO-Verfassung seien derzeit nicht realistisch. Erskin Childers und Brian Urqhart beschränken sich mit dieser Begründung in ihrem Buch auf Reformvorschläge, «die unterhalb der Ebene konstitutioneller Veränderungen möglich sind». Die Frage, wann und unter welchen veränderten Rahmenbedingungen auch «konstitutionelle Veränderungen» möglich werden, erörtern sie nicht. Einige Länder des Südens setzen auf eine Verschiebung der weltpolitischen Gewichte, in deren Folge dann in absehbarer Zeit auch eine Änderung des Status quo im Sicherheitsrat und anderen UNO-Organen nicht mehr zu verhindern sei. Nach dieser Analyse wird die wirtschaftliche, politische und geostrategische Bedeutung Japans, Chinas und Südostasiens erheblich wachsen, die der USA hingegen tendenziell sinken. Auch im Verhältnis zu Europa werde das Gewicht der USA abnehmen. Die Frage bleibt, ob die UNO bis dahin überlebt.



Ungeachtet der geringen Chancen auf Verwirklichung wird seit einiger Zeit munter über verschiedene Modelle zur künftigen **Zusammensetzung des Sicherheitsrates** diskutiert. Besonders blauäugig gab sich dabei Bundesaußenminister Klaus Kinkel. Gegen den Rat seiner für die UNO zuständigen Beamten verkündete Kinkel vor der Generalversammlung im Herbst 1993 öffentlich die Bewerbung des neuvereinten Deutschlands um einen ständigen Sitz im Sicherheitsrat. Bis zum Herbst 1994 schürte er in der Öffentlichkeit die Erwartung, Deutschland werde bereits anläßlich des 50. Geburtstages der UNO ständiges Ratsmitglied. Tatsächlich bestand hierfür zu keinem Zeitpunkt auch nur der Hauch einer Chance. Eine Erweiterung des höchsten UNO-Organs nur um die nördliche Wirtschaftsmacht Deutschland – oder um Deutschland und Japan, das ebenfalls seinen Anspruch angemeldet hat – ist angesichts der Mehrheitsverhältnisse in der Generalversammlung die unrealistischste aller denkbaren Möglichkeiten.

Schon im Februar 1992 entwarf der Schweizer Journalist Gustav Lang, langjähriger Leiter der Außenpolitik und Mitglied der Chefredaktion bei der sehr intensiv mit UNO-Fragen befaßten Berner Zeitung *Der Bund* vier «Konzepte für einen neuen UNO-Sicherheitsrat» mit 19, 23, 25 oder 29 Mitgliedern – darunter auch ständige Mitglieder *ohne* Vetorecht. Diese Vorschläge waren zum damaligen Zeitpunkt sehr viel realistischer als die Vorstellungen des deutschen Außenministers. Vornehmlich von Ländern des Nordens sind allerdings seit geraumer Zeit Bedenken zu hören, ein «zu großer» Sicherheitsrat sei «uneffektiv» und «nicht mehr arbeitsfähig». Was «zu groß» ist, wird dabei je nach Interessenlage unterschiedlich definiert.

Inzwischen ist zudem deutlich geworden, daß auch solche Modelle keine Chancen haben, bei denen der Norden bestimmt, welche Staaten künftig den Süden im Sicherheitsrat vertreten sollen. Beliebteste Spielart ist die in Bonn und anderen westlichen Hauptstädten noch immer propagierte Variante **«Deutschland und Japan plus drei»**. Dabei werden als neue Ratsmitglieder zumeist Indien (für Asien), Nigeria (für Afrika) und Brasilien (für Lateinamerika) genannt. Anfang 1993 forderte UNO-Generalsekretär Boutros-Ghali alle Mitgliedsstaaten auf, Vorschläge für eine Veränderung des Sicherheitsrates sowie eigene Ansprüche auf einen ständigen Sitz schriftlich vorzulegen. Bekannt wurde, daß sich unter den eingegangenen 90 Briefen neben den Bewerbungen von Deutschland und Japan für einen ständigen Ratssitz mindestens acht weitere befanden: von Indien, Pakistan und Indonesien; Brasilien, Argentinien und Mexiko sowie von Nigeria und Ägypten. Inzwischen gibt es Hinweise, daß auch Südafrika eine Bewerbung erwägt oder sogar bereits bei Boutros-Ghali eingereicht hat.

Auf keinem der drei Subkontinente ist eine Einigung auf nur einen Vertreter absehbar. Das wurde sehr deutlich bei den internen Beratungen der «Arbeitsgruppe zur Frage einer gerechten Zusammensetzung des Sicherheitsrates und der Erhöhung seiner Mitgliederzahl», die die Generalversammlung im Herbst 1993 einsetzte. Besonders hart ist die **Konkurrenz in Asien**. Zum einen unter den Nachbarländern Indien und Pakistan, zwischen denen seit Gründung der UNO schwere Konflikte schwelen und die zudem beide den Status einer Atomwaffenmacht anstreben. Zwischen Indien und Indonesien existiert zudem eine historische Konkurrenz über die Führungsrolle in der Bewegung der blockfreien Staaten. Die Regierung in Djakarta setzt auf die Unterstützung der islamischen Staaten, die ihren Anspruch auf «angemessene» Vertretung im Sicherheitsrat zunehmend deutlicher formulieren. Indonesien ist von seiner Verfassung her zwar ein multireligiöser Staat ohne offizielle Staatsreligion, mit 160 Millionen Muslimen unter seinen 180 Millionen Einwohnern aber zugleich das größte islamische Land der Erde.

Zwischen Nord und Süd gibt es keinen Konsens über die Kriterien für einen ständigen Sitz im Sicherheitsrat. Für die Mitgliedschaft Deutschlands und Japans wird vor allem die **Wirtschaftskraft** dieser Länder ins Feld geführt. Daran knüpft sich die Erwartung, als ständige Ratsmitglieder würden Bonn und Tokio der UNO mehr Ressourcen zur Verfügung stellen. Eine Erwartung, die – betrachtet man etwa das Verhalten der USA, aber auch der Sowjetunion und Chinas – historisch zumindest nicht zwingend ist. Indien, Brasilien, Nigeria und Indonesien verweisen hingegen auf die **Größe ihrer Bevölkerung** als Argument für einen ständigen Ratssitz. Allein Indien hat mit knapp 900 Millionen Menschen fast dreimal so viele Einwohner wie die 15 Staaten der Europäischen Union zusammen.

Doch die Einigung auf ein Modell für einen neuen Sicherheitsrat scheitert keineswegs nur an vermeintlich überzogenen Forderungen der Staaten des Südens oder ihrer «Unfähigkeit», sich untereinander auf Vertreter für die einzelnen Subkontinente zu verständigen. Auch unter den Staaten des Nordens herrscht in dieser Frage keineswegs der Konsens, der nach außen hin gerne behauptet wird. Dies machten die Beratungen der von der UNO-Generalversammlung eingesetzten Arbeitsgruppe sehr deutlich. Frankreich und Großbritannien unterstützen öffentlich zwar den **Anspruch Deutschlands** auf eine ständige Mitgliedschaft im Rat. Doch sind sie nicht bereit, dafür ihren ständigen Sitz aufzugeben oder ihre bisherigen Privilegien auch nur einzuschränken – etwa durch einen Verzicht auf das Vetorecht. Dabei wissen Paris und London sehr genau, daß die Vorstellung von drei ständigen Ratsmitgliedern aus Westeuropa für die meisten Staaten des Südens völlig unakzeptabel ist – zumal wenn diese drei Staaten mit Vetorecht ausgestattet sind. Doch auf dieses Privileg will Bonn unter keinen Umständen verzichten. Für die Bundesregierung kommt eine von ihr so bezeichnete «ständige Mitgliedschaft zweiter Klasse» nicht in Frage. Auch vor der UNO-Generalversammlung im Oktober 1994 beharrte Außenminister Kinkel für Deutschland auf einem «ständigen Ratssitz mit vollen Rechten».

Diese Haltung ist mitverantwortlich dafür, daß bis heute kein Vorschlag für einen schrittweisen Abbau der Privilegien entwickelt wurde, von dem politischer Druck auf die fünf Inhaber dieser Privilegien ausginge. Denkbar wäre zum Beispiel, daß zur Verhinderung eines Ratsbeschlusses künftig das Veto von mindestens *zwei* ständigen Mitgliedern erforderlich ist. Oder daß ein im Sicherheitsrat eingelegtes Veto durch einen Beschluß der Generalversammlung mit qualifizierter Mehrheit aufgehoben werden kann. Vorstellbar wäre auch, das Vetorecht in einem ersten Schritt auf bestimmte Fragen einzuschränken.

Aufgrund der Maximalpositionen der Regierungen in Bonn, London und Paris erhielt bisher auch ein Vorschlag keine Chance, der zumindest unter Zugrundelegung des Kriteriums «Bevölkerungsgröße» bei weitem der fairste wäre: ein ständiger **Sitz der Europäischen Union (EU) im Sicherheitsrat**, der von ihren zwölf Mitgliedern im Rotationsverfahren wahrgenommen würde. Gegen einen EU-Sitz wird häufig eingewendet, die Charta erlaube nur die Vertretung von Nationalstaaten, nicht aber regionaler Organisationen im Sicherheitsrat. Dieser Einwand ist zwar formal korrekt, politisch aber vordergründig. Denn für eine entsprechende Änderung der Charta fände sich mit Sicherheit die erforderliche Zweidrittelmehrheit in der Generalversammlung – gerade wegen des Kriteriums der Bevölkerungsgröße. Die Beratungen der zuständigen Arbeitsgruppe, bei denen auch das EU-Modell diskutiert wurde, haben das gezeigt. Selbst ein zweiter ständiger Ratssitz für die EU – etwa nach künftigen Erweiterungsschritten auf 20 oder mehr Mitglieder – fände bei den Ländern des Südens weit mehr Unterstützung als eine ständige Mitgliedschaft Deutschlands zusätzlich zu den Sitzen Frankreichs und Großbritanniens. Das Modell der Mitgliedschaft regionaler Organisationen im Sicherheitsrat, deren Mitglieder den Ratssitz per Rotationsverfahren wahrnehmen, könnte über Europa hinaus auch für andere Kontinente Bedeutung gewinnen. Denkbar wäre auch die Schaffung eines **regionalen Vetorechts**, bei dem alle Mitgliedsstaaten einer Region *gemeinsam* ein Veto einlegen können.

Sehr zum Ärger der Bundesregierung machte sich bei den Beratungen der Arbeitsgruppe der Generalversammlung auch Italien für das Modell eines EU-Ratssitzes stark und sprach sich – gemeinsam mit Indien und Kuba – gegen die Empfehlung für einen Ratssitz Deutschlands und Japans aus. Dahin-

**Das regionale Veto – ein Vorschlag**

«Im Rahmen der Umstrukturierung des Sicherheitsrats muß die Schaffung eines regionalen Vetorechts erwogen werden. Dieses würde zunächst den beiden Regionen gewährt, die zur Zeit kein Vetorecht haben, nämlich Lateinamerika und Afrika. Durch einen fortschreitenden Überprüfungsprozeß könnte das regionale Veto künftig auf andere Regionen ausgedehnt werden. Das Veto ist notwendigerweise ein kollektiver Verteidigungsmechanismus. Es sollte nur in Anspruch genommen werden, wenn grundlegende regionale Interessen auf dem Spiel stehen. Ein solches Veto würde auf einstimmigen Beschluß aller Mitglieder des Sicherheitsrats aus der betreffenden Region ausgeübt.»

Olara A. Ottunu, Jurist aus Uganda, 1980–85 UNO-Botschafter und 1985–87 Außenminister, im Sonderheft «Vereinte Nationen» von *der überblick*, September 1994

ter steckt nicht zuletzt Roms Furcht vor zunehmendem Bedeutungsverlust. Noch bis Anfang der neunziger Jahre zählte Italien – neben Deutschland, Frankreich und den Beneluxstaaten immerhin eines der sechs Gründungsmitglieder des EU- und EG-Vorläufers Europäische Wirtschaftsgemeinschaft (EWG) – zu den vier Großen in Westeuropa. Inzwischen läßt es die wirtschaftliche Abwärtsentwicklung Italiens fraglich erscheinen, ob das Land die Kritierien für die nächsten Integrationsschritte der EU erfüllen wird. Die Art und Weise, wie sich Deutschland Ende 1993 ohne Absprache mit Italien und anderen Partnern in der Zwölfergemeinschaft als dritter EU-Vertreter (neben Frankreich und Großbritannien) in die internationale Bosnien-Kontaktgruppe begab, hat nicht nur in Rom für Irritationen gesorgt. Inzwischen sind Überlegungen für ein **«Kerneuropa»** ohne Italien in der Diskussion, die von prominenten deutschen Christdemokraten initiiert wurden. Schließlich dürfte die Erweiterung der EU um drei skandinavische Staaten das Gewicht Italiens und der anderen Mittelmeerstaaten weiter schwächen. Derartige Gewichts- und Einflußverschiebungen in Europa wie auf anderen Kontinenten könnten die Verständigung auf einen neuen UNO-Sicherheitsrat zusätzlich komplizieren und hinauszögern.

Am wenigsten fühlen sich bislang die **USA** durch die Debatte über die Zukunft des Sicherheitsrates herausgefordert. Während Frankreich und Großbritannien zumindest unter wachsenden Begründungszwang für die Beibehaltung ihrer bisherigen Privilegien geraten, wird der ständige Ratssitz der USA von keiner Seite in Frage gestellt. Washington fühlt sich auch nicht dazu veranlaßt, etwa über die Einschränkung seines Vetorechts nachzudenken. UNO-Botschafterin Madeleine Albright machte dies im Herbst 1994 vor der Generalversammlung unmißverständlich klar.

Die von der Generalversammlung eingesetzte Arbeitsgruppe zur Reform des Sicherheitsrates erklärte im September 1994, in insgesamt 22 Sitzungen habe sie «durch konstruktive und substantielle Diskussionen» zwar «die Position von Mitgliedsstaaten klären» können. Ergebnisse seien aber nicht erzielt worden. Die Generalversammlung verlängerte das Mandat der Arbeitsgruppe zunächst bis zum Herbst 1995. Nach dem bisherigen Verlauf der Debatte scheint es unwahrscheinlich, daß noch in diesem Jahrtausend eine Einigung über die Veränderung des Sicherheitsrates zustande kommt.



## Die Generalversammlung: Abkehr vom Prinzip «Ein Land, eine Stimme»?

Auch die Stärkung der Generalversammlung im Verhältnis zum Sicherheitsrat gehört zu den zentralen Forderungen der meisten Reformbefürworter. Schon vor 1990 gab es mehrfach solche Vorschläge, von denen einige allerdings auf eine Aufweichung des Prinzips «Ein Land, eine Stimme» abzielten und sich gegen die «Dominierung» der Versammlung durch die Länder des Südens wandten.

Die Generalversammlung ist das demokratischste und repräsentativste Gremium der Vereinten Nationen. Alle Mitgliedsstaaten der UNO haben unabhängig von ihrer Größe, Bevölkerungszahl oder wirtschaftlichen Stärke *eine* Stimme. Bei den Diskussionen zur UNO-Gründung ab 1943 lag noch die Forderung nach einem «gewichteten Stimmrecht» auf dem Tisch. Sie setzte sich nicht durch, und das Prinzip der **«souveränen Gleichheit aller Mitglieder»** wurde schließlich festgeschrieben. Dieser große Fortschritt des Völkerrechts ist in erster Linie der Tatsache zu verdanken, daß die USA und andere einflußreiche Staaten des Nordens 1945 eine überragende Mehrheit unter den 50 UNO-Gründungsstaaten hatten und sich dieser Mehrheit auf Dauer sicher wähnten. Mit der Entkolonialisierung Afrikas und Lateinamerikas rechnete seinerzeit kaum jemand. Erwartet wurden noch rund 20 weitere Mitgliedsstaaten, überwiegend aus Europa. Laut einem Bericht der Generalversammlung von 1947 gingen die Planungen für den Bau des UNO-Hauptquartiers in New York damals von maximal 70 UNO-Mitgliedern aus.

Unbehagen am Prinzip «Ein Land, eine Stimme» und Vorschläge für ein «gewichtetes Stimmrecht» in der Generalversammlung wurden in den ersten UNO-Jahrzehnten immer wieder laut. 1952 beklagte das Mitglied der Delegation Burmas in der Generalversammlung, U Thant, «daß die USA in der Regel eine Zweidrittelmehrheit für ihre Anträge aufbieten können, wie in einem Ein-Parteien-System». Zwölf Jahre später jedoch warnte derselbe U Thant – inzwischen Generalsekretär der UNO – vor der Einführung eines Systems gewichteter Stimmen. Die UNO hatte damals bereits 112 Mitglieder. Eine sichere Mehrheit für die USA existierte nicht mehr, und in der Regel wurden sie von den Staaten des Südens überstimmt. Hieraus wiederum zog der US-Kongreß 1975 die Konsequenz, die Einführung eines nach wirtschaftlicher Stärke gewichteten Stimmsystems zu fordern, und um dem Nachdruck zu verleihen, kürzte der Kongreß die Beitragszahlungen Washingtons an die UNO um 25%. Durch eine solche gezielte **Zurückhaltung von Pflichtbeiträgen** beeinflußte Washington immer wieder politische Entscheidungen der Generalversammlung oder behinderte die Umsetzung von Resolutionen, bei deren Abstimmung die USA unterlegen waren. Aus einigen Sonderorganisationen (z. B. der UNESCO) traten die USA und auch Großbritannien aus Protest gegen bestimmte, mit der Mehrheit der Länder des Südens beschlossene Programme zeitweise sogar ganz aus. Erst kurz vor Ende seiner Amtszeit Ende 1992 verkündete Präsident George Bush offiziell das Ende dieser Politik und versprach die Begleichung aller Rückstände innerhalb von sechs Monaten sowie künftig pünktliche Beitragszahlung.

Doch auch zwei Jahre nach dieser Ankündigung schuldeten die USA dem regulären Haushalt der UNO sowie den Budgets für die diversen Peacekeeping-Operationen insgesamt rund 1,5 Milliarden Dollar und sind damit wesentlich mitverantwortlich für die Finanznot und die partielle Handlungsunfähigkeit der Weltorganisation. Inzwischen hat die Clinton-Administration eine Reduzierung des US-Anteils am Peacekeeping-Haushalt von 30% auf 25% ab Oktober 1995 angekündigt.

Den jüngsten Vorstoß für eine «Aufwertung der Generalversammlung durch Gewichtung der Stimmen» machte 1994 der prominente US-amerikanische Jurist Paul C. Szasz. Zwischen 1958 und 1989 war Szasz Mitarbeiter der Internationalen Atomenergie-Organisation, der Weltbank und der UNO-Rechtsabteilung in der New Yorker Zentrale. Als juristischer Chefberater der Internationalen Konferenz über Ex-Jugoslawien war Szasz wesentlich mitverantwortlich für die Formulierung diverser Teilungspläne für Bosnien-Herzegowina. Die Regel «Ein Land, eine Stimme» hält Szasz für «absurd». Er entwickelte ein höchst kompliziertes Modell einer Generalversammlung mit mehreren Kammern, in denen die Mitgliedsstaaten aufgrund verschiedener Kriterien mit jeweils unterschiedlichen Stimmengewichten vertreten wären.

Doch gilt es als höchst unrealistisch, daß sich unter den 184 Mitgliedsstaaten die erforderliche Zweidrittelmehrheit für ein System gewichteter Stimmen finden würde. Voraussetzung wäre die Verständigung auf Gewichtungskriterien wie Bevölkerung, Größes eines Landes, Wirtschaftsstärke oder Höhe der Beitragszahlungen an die UNO. Und selbst wenn diese Verständigung gelänge: Im Ergebnis würden die Mehrheitsverhältnisse bei Beschlüssen der Generalversammlung wahrscheinlich kaum verändert. Denn die zusätzlichen Stimmen, die zum Beispiel China und Indien erhielten, die zusammen allein 34% der Weltbevölkerung stellen, würden aufgehoben durch die mit Wirtschaftsstärke begründeten Zusatzstimmen für die EU-Länder, Nordamerika und Japan.

Unter allen denkbaren Kriterien ist das der Bevölkerungszahl am einleuchtendsten und auch am einfachsten meßbar. Zwar nicht bezogen auf einzelne Länder, aber doch auf das Gesamtverhältnis zwischen Nord und Süd entsprachen die Mehrheitsverhältnisse in der Generalversammlung in den letzten 50 Jahren immer auch ziemlich genau der globalen Bevölkerungsverteilung. Es ist jedoch zu erwarten, daß Vorschläge für eine **höhere Gewichtung der Stimmen wirtschaftsstarker Staaten** des Nordens wieder verstärkt in die Diskussion gebracht werden. Und sei es nur als verhandlungstaktisches Gegengewicht zu Forderungen nach Kompetenzumverteilungen vom Sicherheitsrat zur Generalversammlung. Nach den Erfahrungen der letzten fünf Jahre finden Vorschläge für derartige Umverteilungen und zur

**Ein Land, eine Stimme?**

Einige Befürworter einer Stimmengewichtung in der Generalversammlung argumentieren, bei Anwendung des bisher gültigen Prinzips «Ein Land, eine Stimme» bleibe unberücksichtigt, daß sich unter den Mitgliedern demokratisch verfaßte und undemokratische Staaten befinden. Deren Stimmen dürften in der UNO jedoch nicht dasselbe Gewicht haben. In einem Vortrag vor der UNO-Assoziation in Canberra im Jahr 1991 wies der langjährige UNO-Botschafter Australiens, Peter Wilenski, dieses Argument als wenig stichhaltig zurück: «Es gibt keinen großen Unterschied zwischen dem Abstimmungsverhalten demokratischer und nichtdemokratischer Staaten, die ähnliche nationale Interessen verfolgen. Daher scheint ‹Ein Land, eine Stimme› das richtige Verfassungsprinzip für die Generalversammlung zu sein.»

Stärkung der Versammlung vor allem im Bereich der «friedlichen Beilegung von Streitigkeiten» (Kapitel VI der Charta) wie von friedensschaffenden Zwangsmaßnahmen (Kapitel VII) wachsende Unterstützung nicht nur bei den Ländern des Südens, sondern auch im «Norden» – etwa bei den skandinavischen Staaten, Kanada, Australien und Neuseeland. Von einigen Staaten des Südens erhobene Forderungen, der Generalversammlung durch eine Änderung der Charta die Alleinzuständigkeit in diesen Fragen zu geben, stoßen auf die gleichen Schwierigkeiten wie die Forderungen nach Veränderung im Sicherheitsrat. Nach Einschätzung von Erskin Childers und anderen Reformbefürwortern erforderten Kompetenzumverteilungen jedoch zumindest im Bereich der «friedlichen Beilegung von Streitigkeiten» nicht notwendig eine Änderung der Charta, sondern lediglich ihre Neuinterpretation und die stärkere Beachtung bestimmter Artikel. Sie verweisen bei dieser Argumentation insbesondere auf die Charta-Artikel 10, 11, 24 und 35.

In Artikel 10 wird der Generalversammlung ausdrücklich eine umfassende Zuständigkeit zugewiesen. Danach «kann die Generalversammlung alle Fragen und Angelegenheiten erörtern, die in den Rahmen dieser Charta fallen oder Befugnisse eines in dieser Charta vorgesehenen Organs betreffen». Laut Artikel 11 «kann die Generalversammlung alle die Wahrung des Weltfriedens und der internationalen Sicherheit betreffenden Fragen erörtern, die ihr ein Mitglied der Vereinten Nationen oder der Sicherheitsrat oder ein Nichtmitglied der Vereinten Nationen vorlegt». In Artikel 24 über die Aufgaben und Befugnisse des Sicherheitsrates heißt es: «Um ein schnelles und wirksames Handeln der Vereinten Nationen zu gewährleisten, übertragen ihre Mitglieder dem Sicherheitsrat die Hauptverantwortung für die Wahrung des Weltfriedens und der internationalen Sicherheit». Nach Interpretation vieler Reformbefürworter meint die Formulierung «Hauptverantwortung» keinesfalls die «gesamte Verantwortung» und läßt sehr viel größere Spielräume für die Mitwirkung der Generalversammlung. Aus der weiteren Formulierung von Artikel 24 leitet Childers geradezu eine **Verpflichtung der Generalversammlung zu stärkerer Mitwirkung** ab: «(Die Mitglieder der Vereinten Nationen) erkennen an, daß der Sicherheitsrat bei der Wahrnehmung der sich aus dieser Verantwortung ergebenden Pflichten in ihrem Namen handelt. Bei der Erfüllung dieser Pflichten handelt der Sicherheitsrat im Einklang mit den Zielen und Grundsätzen der Vereinten Nationen.» Gerade wenn der Sicherheitsrat hierbei versagt – wofür Childers zahlreiche Beispiele aus der Vergangenheit anführt –, müsse die Generalversammlung eingreifen, um die Ziele und Grundsätze der Vereinten Nationen zu retten.

Auch im Kapitel VI über «die friedliche Beilegung von Streitigkeiten» wird der Generalversammlung ausdrücklich eine wichtige Rolle zugeschrieben: «Jedes Mitglied der Vereinten Nationen kann die Aufmerksamkeit des Sicherheitsrates oder der Generalversammlung auf jede Streitigkeit lenken» (Artikel 35). In der Praxis der letzten Jahrzehnte und insbesondere seit 1990 fanden jedoch die Erörterung von Streitigkeiten sowie die Empfehlung und Beschlußfassung von Maßnahmen nach Kapitel VI und VII fast ausschließlich im Sicherheitsrat statt. Die alleinige Zuständigkeit des Sicherheitsrates sieht die Charta jedoch lediglich vor für die Feststellung, «ob eine Bedrohung des Friedens oder ein Bruch des Friedens oder eine Angriffshandlung vorliegt» (Kapitel VII, Artikel 39), für die Verhängung nichtmilitärischer Zwangsmaßnahmen (Artikel 41) sowie für den Beschluß zum Einsatz von Waffengewalt (Artikel 42 ff).

Doch selbst von der Alleinzuständigkeit des Sicherheitsrates in diesen Fragen wurde durch Interpretation der Charta bereits vor 45 Jahren eine Ausnahme begründet: In der nach ihren einleitenden Worten «Einig für den Frieden» benannten **«Uniting-for-Peace-Resolution»** beschloß die Generalversammlung am 3. November 1950 die Erweiterung ihrer eigenen Kompetenzen: «Falls der Sicherheitsrat mangels Einstimmigkeit seiner ständigen Mitglieder es in einem Fall einer offenbaren Bedrohung des Friedens, eines Friedensbruches oder einer Angriffshandlung unterläßt, seine erstgegebene Verantwortung für die Aufrechterhaltung des internationalen Friedens und der Sicherheit auszuüben, soll die Generalversammlung unverzüglich die Angelegenheit beraten, um den Mitgliedern geeignete Empfehlungen für Kollektivmaßnahmen zu geben, im Fall des Friedensbruches oder einer Angriffshandlung auch für den Gebrauch bewaffneter Kräfte.»

Die USA hatten diese Resolution eingebracht, nachdem sich der Sicherheitsrat wegen Uneinigkeit seiner fünf ständigen Mitglieder nicht auf Maßnahmen zur Beendigung des Koreakriegs einigen konnte. Die «Uniting-for-Peace-Resolution» der Generalversammlung wurde seit dem Koreakrieg zwar nur noch in fünf weiteren Fällen bis 1967 sowie viermal in den achtziger Jahren angewandt. Die mit dieser Resolution geschaffene Kompetenz der Generalversammlung besteht jedoch weiterhin. Theoretisch hätte die Generalversammlung zum Beispiel im Fall der Kriege im ehemaligen Jugoslawien den Mitgliedsstaaten weiter gehende Maßnahmen empfehlen können, als sie der Sicherheitsrat mangels Einigkeit seiner fünf ständigen Mitglieder beschlossen hat.

## Stärkung der Nicht-Regierungsorganisationen

Zu den verbreitetsten Vorschlägen für eine Reform der UNO gehört die Forderung nach stärkerer Beteiligung von Nicht-Regierungsorganisationen (NRO oder NGO in der geläufigeren englischen Abkürzung). Dazu zählen Organisationen wie Greenpeace, amnesty international, Ärzte ohne Grenzen, Parlamentarier für globale Aktion, Frauenrechtsorganisationen, die Internationale Juristenkommission, ethnische Minderheitengruppen und das Internationale Rote Kreuz. Diese Forderung kann sich sogar auf die Präambel der Charta berufen, die mit den Worten beginnt: «Wir, die Völker der Vereinten Nationen...» Erst am Ende der Präambel ist dann zum erstenmal von «unseren Regierungen» die Rede, die «diese Charta angenommen haben und hiermit eine internationale Organisation errichten, die den Namen ‹Vereinte Nationen› führen soll». In der Charta selber kommt der Begriff «Regierung» zwar nicht vor. Doch als Mitglieder der Vereinten Nationen werden in Artikel 3 und 4 die «Staaten» definiert.

Innerhalb dieser konstitutiven Grenzen der UNO sind die Spielräume für eine stärkere Beteiligung von NRO noch längst nicht ausgeschöpft. Seit Anfang der neunziger Jahre haben NRO ihre Teilnahme an UNO-Konferenzen und damit auch ihren Einfluß bereits erheblich ausweiten können. Ein Beispiel hierfür ist die **UNO-Menschenrechtskonferenz** im Mai 1993 in Wien. Hier konnten die NRO wesentliche Forderungen wie etwa die Berufung einer UNO-Sonderbeauftragten für die Rechte von Frauen durchsetzen. Wesentliche Ursache für die seit 1990 verbesserten Teilnahmemöglichkeiten für NRO: Mit dem Wegfall der Ost-West-Konfrontation ist auch das Mißtrauen gegen NRO weitgehend verschwunden, das einst besonders bei den Vertretern osteuropäischer Regierungen stark ausgeprägt war. Allerdings gibt es immer noch Fälle, in denen NRO sogar die passive Beobachtung von Konferenzen verweigert wird. Eklatantestes Beispiel der jüngsten Zeit ist der Ausschluß aus den Verhandlungen zur Einschränkung der Anwendung von Landminen und anderen besonders gefährlichen konventionellen Waffen. Der Ausschluß der NRO (wie von Journalisten) aus den noch bis September 1995 laufenden Verhandlungen geschah auf Verlangen Chinas. Da die Teilnehmerstaaten dieser Verhandlungen für Verfahrensfragen das Konsensprinzip verabredet hatten, konnte China nicht überstimmt werden.

Die weitestgehenden Teilnahmemöglichkeiten bestehen bislang in der UNO-Menschenrechtskommission. Hier können NRO nicht nur als Beobachter teilnehmen, sondern haben Rede- und Antragsrecht, allerdings kein Stimmrecht. Eine Ausdehnung dieser Mitwirkungsrechte auf alle anderen Fachgremien und Konferenzen der UNO wäre bereits ein erheblicher Fortschritt. Childers / Urqhart schlagen darüber hinaus die Schaffung einer **«Bürgerversammlung» der UNO** mit Volksdelegierten aus allen Mitgliedsstaaten vor. Die Idee ist nicht neu. Schon im November 1945 hatte der damalige britische Außenminister Ernest Bevin im Londoner Unterhaus erklärt: «Wir müssen die Möglichkeit zur Schaffung einer Weltversammlung untersuchen, die direkt von den Bevölkerungen aller Staaten gewählt wird und der gegenüber die Regierungen, die die Vereinten Nationen bilden, verantwortlich sind.»

**Fazit**

Entweder Kollaps der UNO und totale Anarchie der internationalen Beziehungen oder die USA als Weltpolizist auf Dauer: So lautet nach Einschätzung vieler Experten aus Süd und Nord die Alternative, falls eine gründliche politische Reform der Weltorganisation nicht in absehbarer Zeit gelingt. Als vorrangig gelten den meisten Reformbefürwortern die Schaffung von UNO-Kompetenzen im Wirtschafts-, Sozial- und Umweltbereich; die Demokratisierung des Sicherheitsrats durch Abbau der Privilegien der bisherigen fünf ständigen Mitglieder und Stärkung der Rolle des Südens; die Aufwertung der Generalversammlung gegenüber dem Sicherheitsrat; und schließlich die Gewährung von mehr Mitwirkungs- und Einflußmöglichkeiten für Nicht-Regierungsorganisationen (NRO).

# Die Zukunft der UNO – keine sichere Prognose

Noch im Sommer 1989 wurde ausgelacht, wer den Fall der Berliner Mauer und die deutsche Vereinigung für die nahe Zukunft voraussagte. In Europa gibt es nach 46 Jahren Frieden wieder Kriege – diese Prognose stieß noch wenige Tage vor dem serbischen Angriff auf Slowenien Ende Juni 1991 auf ungläubiges Kopfschütteln.

Mit der Zukunft der UNO verhält es sich ähnlich. Sichere Prognosen gibt es nicht. Dafür ist die historische Situation zu offen. Bestenfalls lassen sich mögliche Entwicklungslinien beschreiben.

Bleiben wichtige Mitgliedsstaaten der UNO bei ihrem Verhalten der letzten 50 und insbesondere der letzten fünf Jahre, scheint der Kollaps der Weltorganisation unausweichlich. Und zwar innerhalb der nächsten 10 bis 15 Jahre. Die Überforderung mit immer neuen Aufgaben und Erwartungen bei gleichzeitiger materieller Austrocknung wird das UNO-System nicht beliebig lange aushalten. Zumal wenn es bei immer mehr Mitgliedsstaaten und deren Bevölkerung weiter an Glaubwürdigkeit verliert, weil seine längst überfällige Demokratisierung und politische Reformen weiterhin ausbleiben. Seit geraumer Zeit sind in einigen Staaten des Nordens isolationistische Tendenzen und die stärkere Betonung nationaler Interessen zu beobachten. Das Bekenntnis zum Multilateralismus wird schwächer oder gerät zum reinen Lippenbekenntnis. Regierung und Kongreßmitglieder in Washington machen auch öffentlich überhaupt keinen Hehl daraus, daß für sie die UNO in erster Linie ein Instrument zur Durchsetzung der eigenen nationalen Interessen ist. Insgesamt scheinen die Rahmenbedingungen für eine Demokratisierung und politische Reform der UNO seit der Zeitenwende von 1990 eher ungünstiger geworden zu sein.

Eine Reihe von Faktoren könnte jedoch auch zu einer positiveren Entwicklung führen. Zum einen wird die Zuspitzung der gravierenden politischen und materiellen Probleme bei den Peacekeeping-Operationen möglicherweise den heilsamen Zwang auslösen, den gesamten Friedensauftrag der Vereinten Nationen grundsätzlich zu überdenken und neu zu strukturieren. Einmal durch eine Konzentration auf nichtmilitärische und präventive Maßnahmen zur Konfliktverhütung und -bearbeitung. Zum zweiten durch eine andere Organisation der militärischen Maßnahmen zur Friedenserhaltung, mit der sich die Fehler der letzten fünf Jahre künftig vermeiden lassen. Auch die voraussichtlichen Verschiebungen der Macht- und Gewichtsverhältnisse in der UNO könnten zumindest die Chance für eine positivere Entwicklung der Weltorganisation bieten. Neben der absehbaren Einflußzunahme einiger südostasiatischer und lateinamerikanischer Staaten ist damit zu rechnen, daß sowohl China wie auch (wieder) Rußland mittelfristig eine eigenständigere und von den USA unabhängigere Rolle im Sicherheitsrat spielen werden. Im ungünstigsten Fall könnte dies allerdings auch zu einem Rückfall in den Kalten Krieg zwischen Washington und Moskau mit der Folge einer erneuten Blockade des Sicherheitsrats führen.

## Deutschland als Reformer?

Auch das Verhalten der einflußreichen Mittelmacht Deutschland ist von nicht unerheblicher Bedeutung für die Zukunft der UNO. Bisher beschränkte sich die Bonner Politik innerhalb der Weltorganisation auf die Verfolgung sehr eng definierter nationalstaatlicher Interessen. Das Streben nach einem ständigen Sitz im Sicherheitsrat mit Vetorecht ist hierfür nur das deutlichste Indiz. Auch seit Deutschland im Rahmen der normalen Rotation unter den UNO-Mitgliedsstaaten im Januar 1995 für zwei Jahre einen Sitz im Sicherheitsrat eingenommen hat, ist nicht deutlich geworden, worin die seit der deutschen Vereinigung 1990 von der Bundesregierung so häufig beschworene «gewachsene internationale Verantwortung» eigentlich besteht und wie sie wahrgenommen werden soll. Die Bundesregierung hat bisher keine konzeptionellen Vorstellungen für eine Reform der Weltorganisation entwickelt. Ein Reformkonzept, formuliert und eingebracht von einer Koalition aus Deutschland, einigen anderen Staaten des «Nordens» (z. B. Schweden, den Niederlanden, Australien) und des Südens (z. B. Indien, Südafrika, Brasilien) hätte jedoch große Chancen, die Diskussion in der UNO voranzutreiben und festgefahrene Fronten aufzulockern. Nur von einer solchen Reformkoalition ginge auch echter Druck auf die fünf ständigen Ratsmitglieder aus, zumindest einer Einschränkung ihrer Privilegien zuzustimmen.

Skeptiker wenden ein, es sei unrealistisch, von Deutschland ein derartiges Engagement zur UNO-Reform zu erwarten. Denn das widerspräche der Interessenlage der politisch und wirtschaftlich stärksten Mittelmacht des «Nordens». Dieses Argument ist zumindest nicht zwingend. Auch Schweden, die Niederlande oder Australien – sämtlich kapitalistische Staaten des «Nordens» – haben in der Vergangenheit bereits Vorschläge für eine Demokratisierung der UNO und für eine Stärkung der Rolle des Südens in der Weltorganisation gemacht. Das geschah aus der Überzeugung, daß die globalen Menschheitsprobleme – wenn überhaupt – nur im Rahmen einer globalen Institution und bei einer Ressourcen-Umverteilung von Nord nach Süd zumindest einigermaßen friedlich und gewaltfrei zu lösen sind. Eben für diese Überzeugung fehlt in Deutschland noch eine ausreichend starke Lobby, die die konkrete Politik der deutschen Regierung in den multilateralen Zusammenhängen der Vereinten Nationen beeinflussen könnte. Bislang findet die alltägliche Bonner UNO-Politik fast völlig unter Ausschluß der Öffentlichkeit statt. Die meisten Medien zeigen nur dann Interesse, wenn der Bundesaußenminister einmal im Jahr vor der Generalversammlung in New York auftritt. Auch der Bundestag sorgt nicht für eine öffentliche Debatte der deutschen UNO-Politik und nimmt seine Kontrollfunktion nicht wahr. Selbst viele Nicht-Regierungsorganisationen, die sich zu Themen, die auch in der UNO relevant sind, engagieren und dazu in Deutschland hervorragende Öffentlichkeitsarbeit machen, schenken der deutschen Politik in den multilateralen UNO-Zusammenhängen kaum Aufmerksamkeit. Ohne eine starke, kritische Lobby in den Staaten des «Nordens» werden deren Regierungen jedoch kaum nachhaltige politische Reformen der UNO zulassen oder gar aktiv betreiben.

## Literatur

Hermann Weber: *Vom Völkerbund zu den Vereinten Nationen*, Bonn 1987.
Ein lesenswertes Buch zur Geschichte und zum Scheitern des Völkerbunds.

Klaus Hüfner: *Die Vereinten Nationen und ihre Sonderorganisationen*, Bonn 1992.
Zwei vor allem für Schule und Unterricht sehr brauchbare und übersichtliche Bände.

Günther Unser: *Die UNO – Aufgaben und Strukturen der Vereinten Nationen*, München 1988.
Ein empfehlenswertes Standardwerk.

*der überblick*, Zeitschrift für ökumenische Begegnung und internationale Zusammenarbeit: *Die Vereinten Nationen auf dem Prüfstand*, Hamburg, September 1994.
Hochinteressante, teils jedoch widersprüchliche Analysen und Reformvorschläge aus Nord und Süd.

Maurice Bertrand: *Für eine Weltorganisation der dritten Generation*, Bonn 1988.
Stand der Krisen- und Reformdiskussion der achtziger Jahre.

Erskine Childers / Brian Urqhart: *Renewing the United Nations*, Uppsala / New York 1994.
Sehr aktuelle und detaillierte Analyse der Krise nebst Reformvorschlägen unterhalb der Ebene einer Charta-Revision (liegt leider bislang nur in Englisch vor).

# Register